suhrkamp taschenbuch 2803

Hans Mayer, Jahrgang 1907, schreibt als Zeitgenosse des 20. Jahrhunderts und Wegbegleiter seiner wichtigsten Vordenker: *Erinnerung an Brecht* nennt er seinen Essay über einen der größten Lyriker und Dramatiker dieses Jahrhunderts. Mayer zieht damit die Bilanz einer langen, aus der persönlichen Beziehung erwachsenen Beschäftigung mit Bertolt Brecht, dessen Geburtstag sich am 10. Februar 1998 zum hundertsten Mal jährt.

Hans Mayer schildert den schwierigen Beginn ihrer Beziehung: Wie er den jungen Stückeschreiber erst ablehnte, dann aber, nach Lektüre der Hauspostille, den Lyriker schätzenlernte. Wie mit der Dreigroschenoper Brecht Weltruhm erlangte, wann er ihn dann persönlich kennenlernte, wohin sie gemeinsam reisten und welche Kongresse sie besuchten. Mayer läßt die literarischen Debatten der zwanziger Jahre, die extremen Auseinandersetzungen exilierter Intellektueller oder einschneidende politische Nachkriegsereignisse Revue passieren. Er begleitet Brecht vom Ende des Krieges über die Gründung der DDR, den 17. Juni 1953 bis zu Brechts Tod im August 1956.

Hans Mayer, geboren am 19. März 1907 in Köln, studierte Jura, Geschichte und Philosophie, emigrierte von 1935 bis 1945 nach Frankreich und in die Schweiz und lehrte von 1948 bis 1963 Literaturgeschichte in Leipzig. 1965 wurde er als Professor für deutsche Literatur und Sprache an die Technische Universität Hannover berufen. Sein Werk im Suhrkamp Verlag ist auf den Seiten 123 und 124 dieses Bandes verzeichnet.

Hans Mayer
Erinnerung an Brecht

Suhrkamp

suhrkamp taschenbuch 2803
Erste Auflage 1998
© Suhrkamp Verlag Frankfurt am Main 1996
Suhrkamp Taschenbuch Verlag
Alle Rechte vorbehalten, insbesondere das
des öffentlichen Vortrags, der Übertragung
durch Rundfunk und Fernsehen
sowie der Übersetzung, auch einzelner Teile.
Druck: Nomos Verlagsgesellschaft, Baden-Baden
Printed in Germany
Umschlag nach Entwürfen von
Willy Fleckhaus und Rolf Staudt

1 2 3 4 5 6 - 03 02 01 00 99 98

Erinnerung an Brecht

Inhalt

I. Die Tage in Amsterdam	9
II. Schwierige Annäherung	20
III. Beim Lesen der *Hauspostille*	25
IV. *Die Dreigroschenoper*	34
V. Berichte aus dem Exil	39
VI. Schauspielhaus Zürich: *Courage, Sezuan, Galilei*	48
VII. Berlin, November 1948	63
VIII. Brecht in Leipzig	68
IX. Der Streit um den General Lukullus und den Doktor Faustus	76
X. Der 17. Juni 1953	90
XI. Theaterarbeit	98
XII. Tod zur Unzeit	108

I. Die Tage in Amsterdam

Niemals wieder, weder vorher noch später, habe ich ihn so aufgeschlossen, heiter und daseinswillig erleben können wie in jenen Frühlingstagen des Jahres 1954 in Amsterdam. Auch er fühlte sich befreit und erleichtert in dieser so ganz anderen Umwelt. Auch wenn die äußeren Umstände unserer Reise in die Niederlande einigen Ärger vorausgehen ließen. Brecht war seit seinem Eintreffen in Ostberlin im Herbst 1948 und seit der Gründung »seines« Theaters, das freilich vorerst noch nicht am Schiffbauerdamm einziehen konnte, tief einbezogen worden in das wirre Geflecht von Hoffnung und Enttäuschung, von Planung und Planvereitelung, wie es offenbar zu diesem Staatsgebilde mit dem künftigen Namen Deutsche Demokratische Republik zu gehören schien. Immer wieder sprach Brecht mißmutig vom Grau als der Nationalfarbe dieses neuen Staates, für den er sich indessen selbst entschieden hatte. Allein, er haßte sie, diese graue Farbe. Obwohl (oder weil?) sie fast immer in seiner Kleidung zu erblicken war, die zwischen Grau und einem fahlen Blau zu schwanken schien.

Man hat über mich einen Ausspruch von Brecht überliefert, der genau zu solchen Empfindungen des Stückeschreibers zu passen schien. Emsige Stalinisten in seiner Umgebung hätten ihm gesagt, so wurde mir mitgeteilt, und der Ausspruch ist sogar gedruckt worden, der Hans Mayer sei eigentlich gar

kein richtiger Marxist. Brecht habe kurz geantwortet: »Aber er bedeutet Farbe in diesem allgemeinen Grau.« Ich bin sicher, daß er es so gesagt hat.
Hier in Amsterdam lebte man zwar keineswegs in einem südlichen Farbenrausch. Allein, der wäre ohnehin nicht nach seinem Geschmack gewesen. Die Farbenverbindung jedoch hier in Amsterdam, zwischen der puritanischen Askese des 17. Jahrhunderts, dem Bild eines modernen Verkehrs und dem durch viel Wasser und Wind in Meeresnähe bestimmten Klima schien ihm sehr zu gefallen. Wir gingen spazieren am Singel. Brecht wies hinüber auf die schön bemalten Häuser jenseits der Gracht. 17. Jahrhundert. Das Zeitalter von de Witt, Spinoza und Rembrandt. »Sehen Sie, wenn ich zwei von diesen Häusern auf unserer Bühne abbilden lasse, wird man es zur Not noch hinnehmen. Wenn ich vier von ihnen ins Bühnenbild nähme, ist es bereits wieder ›Formalismus‹.«

Wir waren als Delegation angereist zum Internationalen Kongreß des PEN-Clubs. Der Reise waren wochenlange Formalitäten und Querelen vorausgegangen. Der Internationale PEN-Club hatte erst im Jahre 1947 bei einer Tagung in Zürich, und auf Vorschlag Thomas Manns, wieder ein deutsches PEN-Zentrum zugelassen, nachdem man im Jahre 1933 in Ragusa (Dubrovnik) nach einer empörten Rede Ernst Tollers gegen die angereisten braunen Literaten die Deutschen aus dem Club ausgeschlossen hatte. Dieses deutsche Nachkriegszentrum jedoch

spaltete sich gleich in den fünfziger Jahren gemäß den Spielregeln eines Kalten Krieges. Die Westdeutschen waren ausgetreten aus diesem gemeinsamen Zentrum. Einige von ihnen blieben jedoch mit den Schriftstellern aus der DDR im gemeinsamen Verband. Auf Vorschlag seines Präsidenten Johannes Tralow, der bei München lebte, nannte man sich »Deutsches PEN-Zentrum Ost und West«. In der westdeutschen Presse wurden wir unentwegt heruntergemacht. Als im Jahre 1953 der Internationale Kongreß in Nizza tagte, war Tralow zusammen mit Johannes R. Becher und Arnold Zweig dort erschienen. Die internationale Stimmung war, entgegen allen skeptischen Voraussagen, sehr freundlich. Arnold Zweig wurde, als er am Redepult erschien, mit großem Beifall begrüßt.
Es hatte also wirklich Sinn, ein Jahr später eine richtige Delegation des PEN-Zentrums Ost und West nach Amsterdam zu entsenden. Die westdeutsche Presse, das wurde uns alles sogleich vorgelegt, schien von der Tatsache auszugehen, daß man die Stalin-Deutschen nicht würde ausreisen lassen. Allein, wir durften ausreisen, bekamen auch das westdeutsche Durchreisevisum und das Einreisevisum der Holländer. Als wir nun in Amsterdam eintrafen, änderte ein Teil der westdeutschen Presse plötzlich die Taktik. Sie haben es also wirklich gewagt, hier zu erscheinen! Sogar deutsche Schriftsteller, die es besser hätten wissen können, beteiligten sich an diesem Ränkespiel. Einer schrieb tatsächlich, die Delegation aus Ostberlin sei literarisch ohne besonderes

Gewicht. Immerhin gehörten Brecht, Peter Huchel und Arnold Zweig zu dieser Delegation. Von der eigentlichen westdeutschen Delegation sollte man besser nicht sprechen. Erich Kästner war nicht erschienen.

Da waren wir nun. Übrigens schrieb einer unserer literarischen Gegner, der sich nicht die Mühe machte, genauer hinzuschauen: »Brecht hat offenbar nur in Begleitung eines staatlichen Beschatters ausreisen dürfen.« Da sei ein Mann in einer Lederjacke, dem man seine Funktion gut ansehen könne. In der Tat, Brecht war gern in Amsterdam zusammen mit dem Mann mit der Lederjacke. Er gehörte nämlich als Schriftsteller zur Delegation und hieß Erwin Strittmatter.
Wir alle, Mitglieder der Delegation, konnten damals aufatmen. Man hatte vieles erleben können und müssen in diesen sechs Jahren seit 1948. Die großen Hoffnungen eines Neubeginns kühner und künstlerisch unerprobter Projekte. Die Zeitschrift *Sinn und Form* beispielsweise mit dem Herausgeber Johannes R. Becher und dem absolutistisch regierenden Chefredakteur Peter Huchel. Walter Felsensteins Konzept eines Musiktheaters, welches singende Menschen in einer sinnvollen Handlung agieren läßt. Das Brecht-Ensemble mit der Prinzipalin Helene Weigel. Mit Brecht und Hanns Eisler und Paul Dessau, mit Caspar Neher und Teo Otto und dem großen Spielleiter Erich Engel.
Da waren auch die letzten Lebensjahre des Dikta-

tors im Kreml durchzusprechen. Wahnhafte Schauprozesse, durch Folter erzwungene Selbstbezichtigungen, die Hinrichtung am Galgen. Jüdische Ärzte sollten Gorki vergiftet und Stalin nach dem Leben getrachtet haben.

Stalin starb im März 1953. Dann der 17. Juni ebendieses Jahres. Brecht hatte Stellung bezogen. In doppelter Weise, allein, das konnte die Öffentlichkeit damals noch nicht erfahren. Weil Ulbrichts Zensur nur die Tatsache mitteilen ließ, daß sich Brecht gegen die Revolte ausgesprochen hatte. Er hatte sich auch, in seinem offiziellen Brief und auch mit der Kraft seiner satirischen Gedichte, gegen die bürokratischen Verursacher der Revolte ausgesprochen. Er hatte sich zornig lustig gemacht über den stalinistischen Generalsekretär des Schriftstellerverbandes, der den Aufständischen vorwarf, sie hätten das Vertrauen der Regierung verspielt. Brechts Antwortgedicht ist weltberühmt geworden. Darin wurde vorgeschlagen, wenn dem so sei, so solle die Regierung doch das Volk auflösen, um sich ein neues Volk zu wählen.

Vieles von alledem war noch nicht abgetan, allein der Kalte Krieg wurde nur noch unwillig von den öffentlichen Medien ein bißchen weitergespielt.

Hier in den Niederlanden haben wir, als Delegierte, in keinem Augenblick, weder auf der Tagung noch gar in der niederländischen Öffentlichkeit, ein Zeichen von Ausgrenzung oder Mißachtung erfahren müssen. Zu der kleinen Gruppe berühmter Schriftsteller, welche von der Königin der Niederlande zum

Empfang eingeladen wurde, gehörte auch Arnold Zweig, der in Begleitung seiner Frau Beatrice im Schloß erschien.

Die Eröffnungsfeier des Internationalen Kongresses war in das Rijksmuseum gelegt worden. Als es soweit war, stiegen wir die breite und hohe Freitreppe empor. Brecht trug einen leichten, aber eleganten schwarzgrauen Anzug und – eine Sensation! – er trug eine Krawatte über dem weißen Hemd. Aber natürlich nicht geknüpft wie bei jedermann. Brecht knüpfte seine dunkle Krawatte nach dem Vorbild eines Abraham Lincoln. Bald darauf wurde das für kurze Zeit sogar eine neue Mode.
Wir waren vier in einer Reihe, die da hinaufstiegen ins Museum. Brecht und sein schwedischer Freund, der Lyriker Johannes Edfelt vom Jahrgang 1904. Er war also sechs Jahre jünger als Brecht, der ihn im schwedischen Exil kennengelernt hatte. Edfelt hat später als Mitglied der schwedischen Akademie eine wesentliche Rolle gespielt im Kollegium für den literarischen Nobelpreis. Oben stand die Regierung der Niederlande, um einen jeden von uns zu begrüßen. Jemand vom Protokoll erbat sich unsere Namen, die dann weitergereicht wurden. Guten Tag, Herr Brecht, guten Tag, Herr Edfelt. Und so weiter. Dann waren wir entlassen. Die wirkliche damalige Prominenz wurde natürlich besser behandelt. Da warteten die Kameras, da wurde der Gast ins Gespräch gezogen. Prominent war der Franzose Jean Schlumberger, erst recht der englische Romancier Charles

Morgan, amtierender Präsident des Clubs. Sein Roman *Sparkenbroke* war ein Bucherfolg gewesen in der ersten Nachkriegszeit. Als Präsident des Clubs hat Morgan offenbar nicht viel von den Zeitläuften verstanden. Wenn man ihm zusetzte mit politischen Fragen, pflegte er zu antworten, er sei ein treuer Untertan seiner Königin. Das war, wie mir scheint, ein Lebensbekenntnis, kein ironisches Ausweichmanöver. Da nichts stattfand bei diesem Empfang als eben Empfang, schlug mir Brecht vor, mit ihm durch das Museum zu gehen. Wir blieben eine Weile bei van Dyck und den Bildnissen der Stuarts, dessen Oberhaupt, König Charles I., unter Oliver Cromwell und seiner puritanischen Republik hingerichtet worden war.

Ein kurzer Blick auf die *Nachtwache*. Dann aber wollte Brecht die anderen Rembrandts sehen. Plötzlich standen wir vor jenem Bild, das abermals von der Besessenheit des Malers beim Anblick toter menschlicher Leiblichkeit zeugte. Ganz wie in dem berühmten Blick in den Demonstrationssaal eines berühmten Professors der Anatomie. Hier aber war nur ein geöffneter Rumpf zu sehen. Ein Blick in ein Inneres, das von den Sezierern gleichsam ausgeweidet worden war. Rembrandt hatte sehr genau hingesehen und gemalt.

Brecht konnte sich von dem Anblick nicht trennen. Fast verzückt sagte er leise: »Mein Gott, ist das häßlich!« Er befand sich im Schnittpunkt seiner eigenen Ästhetik.

Ein junger Photograph war uns nachgeschlichen, er

umkreiste nun den Stückeschreiber. Offenbar hatte der Journalist andere Vorstellungen von literarischer Prominenz als die eigentlichen Gastgeber des Empfangs. Ich trat beiseite, um den Blick freizugeben auf Brecht und das Bild. Diese Momentaufnahme habe ich später oft wiedersehen können. Man findet sie in den meisten Bildbänden über Bertolt Brecht.
Übrigens hat bereits Andrea Mantegna einen solchen harten Blick ins »Innere« eines toten Menschen gemalt. Hat Rembrandt jenen Mantegna gekannt?

Mit der eigentlichen Literatur pflegte sich in jenen frühen fünfziger Jahren ein internationaler Kongreß der Poets, Essayists and Editors, and Novellists nicht abzugeben. In Amsterdam wie in Den Haag oder Leyden wurde nicht über Literatur gesprochen. Ein paar Festreden, die ich vergessen habe und die man wohl auch vergessen konnte.
Ein Jahr später in Wien (1955) diskutierte man im Redoutensaal der Hofburg, so ein bißchen, vor allem aber immer noch in einem Klima des Kalten Krieges. Merkwürdigerweise habe ich von daher noch eine einschlägige Rede von George Tabori in Erinnerung behalten. Ich selbst antwortete damals in französischer Sprache auf einige französische Reden. Immer noch galten für den PEN-Kongreß nur die beiden Kongreßsprachen Französisch und Englisch. Dazu kam in Wien die deutsche Sprache als Landessprache.
Abermals ein Jahr später in London (1956) war alles als gesellschaftliches Ereignis angelegt worden.

Empfang im Lancaster-House bei der Königinmutter und der jungen Prinzessin Margaret. Diesmal hatten alle Kongreßteilnehmer eine Einladung erhalten. In Holland war nur ein »mächtiges Häuflein« zum Tee mit Königin Juliane gebeten worden. Auch in London wurde die Literatur in die gesellschaftlichen »Anlässe« gleichsam eingebaut. Sehr geschmackvoll übrigens und sehr britisch. Abschlußbankett im Savoy-Hotel ganz rituell mit dem »Toastmaster«. Angus Wilson hielt eine sehr bemerkenswerte und sehr witzige Rede bei dieser Gelegenheit. Sonst bleibt da nur die Erinnerung an eine sehr schöne und (wie ich heute meine) traurige Rede von Erich Kästner.

Brecht hat sich in Holland überhaupt nicht um Literatur gekümmert. Auch nicht um das Theater. Als er bei einem Bankett in Scheveningen, ich stand neben ihm, von einem Holländer interviewt werden sollte, denn es hatte sich doch herumgesprochen, daß Brecht gekommen war, wurde er vom Interviewer gefragt, ob er in Paris, wo man ihn nach Abschluß des niederländischen Kongresses erwartete, eine große theoretische Rede halten werde, antwortete Brecht nur: »Das werde ich ganz gewiß nicht tun!« Dann fuhr er nach Paris zur Aufführung der *Mutter Courage* in französischer Sprache. Es wurde ein erster großer außerdeutscher Erfolg für den Stückeschreiber.

Brecht in den Niederlanden: da häufen sich in meiner Erinnerung die boshaften Bemerkungen. In der

Residenzstadt Den Haag tagten wir im Rittersaal des Parlaments. Es gab natürlich die Thronsessel und Baldachine für die Monarchen und ihre Begleiter. Brecht warf einen Blick darauf und sagte dann: »So kann man heute auch nicht mehr inszenieren.« Wir überstanden einen langen Vortrag eines holländischen Romanisten über den Surrealismus und seine Folgen. Ich saß zwischen Brecht und Huchel, die beide sprachlich nicht mitkamen. Ich machte ihnen leise klar, das Zuhören lohne sich nicht. Das schien beide zu beruhigen.

Anschließend ging es nach Scheveningen. Die Residenzstadt lud ein zu einem üppigen Buffet. Brecht ging uns voran in den Speisesaal, warf einen Zettel weg, der eine Reservierung des Tisches anzeigte, worauf wir uns hinsetzten. Plötzlich beugte sich Brecht zu mir herüber und wies mit dem Blick auf das Gedränge vor dem kalten Buffet. Da versuchte eine Herzogin mit sanftem Kniedruck von hinten eine andere Herzogin von der Mayonnaise wegzukriegen. Solche Vorgänge entgingen ihm nie, dem Theatermann.

Das heißt: er war der geborene Spieler. In allen Bedeutungen des Wortes. Darin vergleichbar seinem bewunderten Charlie Chaplin, der unfähig war, irgend etwas zu erzählen, ohne es zu spielen. Als ich Brecht bei dieser Gelegenheit von meinem Besuch bei Chaplin in der Schweiz berichtete, sagte er strahlend: »Nicht wahr, er ist ein großer Clown.«

Auch wir beide haben bei allen Begegnungen miteinander gespielt. In Amsterdam beispielsweise nach einem Spaziergang im heißen Frühlingswetter, als wir irgendwo einkehrten, um etwas zu trinken. Ich bestellte eine große Portion Käse, denn ich wußte, daß Brecht den holländischen Käse sehr liebte. Er bestellte sich nichts, denn er wußte, daß ich wußte, daß er dann bitten würde, ihm etwas abzugeben. Ich aber wußte natürlich auch, daß er wußte, daß ich wußte, daß es so abgehen werde. So geschah es dann auch. Ein Spiel. Brecht war ein scharfer Rechner, wenn es darauf ankam. Allein, er war im Grunde auch ein sehr großherziger Mensch. Viele junge Menschen haben es bestätigen können.

Immer wieder auch ein Spiel im Gespräch. Brecht verkündete plötzlich verblüffende Fragen oder Thesen. Einmal fragte er mich in Berlin: »Was soll ich tun, wenn man mir den Vaterländischen Verdienstorden in Bronze verleihen will?« Ihm kam es bei alldem auf die Reaktion des Partners an. Dann konnte man vielleicht, wenn man es ahnte, eine künftige Dialogszene eines Brecht-Textes spielerisch ausprobieren. Auch bei den richtigen Theaterproben Brechts ging es nicht anders zu. Er ließ sich stets durch die Vorschläge seiner Assistenten, die bei ihm saßen, zur Unterbrechung der Probe verleiten. Dann klang es empor auf die Bühne: »Stop! Monk sagte gerade, man sollte einmal versuchen...« Es wurde dann sogleich versucht und akzeptiert oder verworfen. Es war immer ein Spiel.

II. Schwierige Annäherung

Der Name Bert Brecht war mir schon mit fünfzehn Jahren vertraut, also um das Jahr 1922. Bei uns zu Hause las man das *Berliner Tageblatt* aus dem Hause Rudolf Mosse. Also eines der »Judenblätter«, wie man in der braunen Propaganda zu sagen pflegte. Dazu hielt man das *Kölner Tageblatt*, ein leidlich liberales Lokalblatt. Die weitaus bessere, doch etwas konservative *Kölnische Zeitung* hatte der Vater nicht haben wollen. Er war aus dem Krieg zurückgekehrt und hatte seine Erfahrungen mit dem konservativen deutschen Bürgertum gemacht.
Im *Berliner Tageblatt* hingegen hielt man gar nichts von diesem frechen jungen Poeten und Stückeschreiber aus Augsburg. Er war Jahrgang 1898 und machte viel von sich reden durch böse Aufsässigkeit. Er dachte, schrieb und sprach nicht wohlanständig, wie es sich für einen guten Schriftsteller geziemt, sondern ordinär, spöttisch und hochfahrend. Von der Kultur des *Berliner Tageblatts* und auch der dazu weitgehend parallelen *Vossischen Zeitung* aus dem Hause Ullstein schien er gar nichts zu halten. Das beruhte auf Gegenseitigkeit. Der eigentliche Gegenspieler des jungen Brecht war natürlich der bewunderte und gefürchtete Theaterkritiker Dr. Alfred Kerr aus Breslau. Er war ein sehr begabter Schriftsteller voller stilistischer Einfälle, auch voller eitler Manierismen. Kerr hatte eine interessante Doktorarbeit geschrieben über den »verwilderten«

Roman *Godwi* von Clemens Brentano. Dann wurde Kerr zum Vorkämpfer für Henrik Ibsen und Gerhart Hauptmann, später auch für Neuromantiker und einige der frühen Expressionisten.

Während des Ersten Weltkrieges freilich lag er ganz auf der Linie des großspurigen und eroberungssüchtigen deutschen Nationalismus. Sein Todfeind Karl Kraus in Wien hat stets behauptet, unter dem Pseudonym »Godwi« habe Kerr einige der wüstesten Hetzgedichte gegen Deutschlands Feinde geliefert. Nach dem Rezept: »Jeder Schuß ein Russ', jeder Stoß ein Franzos'.« Kerr klagte gegen den Kraus aus Wien. Es ließ sich die Behauptung von Kraus weder bestätigen noch widerlegen. Diese scheinbaren Literatenfehden waren aber entscheidend für alle Auseinandersetzungen mit dem jungen Brecht, die früh schon, im Grunde bereits im Jahre 1919, in der Presse geführt wurden. Womit auch meine eigene damalige Haltung zu Brecht erklärt wird.

Da nämlich Alfred Kerr mit diesem pöbelhaften Mann aus dem deutschen Süden nichts zu tun haben wollte, den er für einen frechen Angeber hielt, ohne wirkliches Talent, war es unvermeidlich, daß sich Karl Kraus sofort für Bert Brecht entschied. Damit war nun eine große kulturelle Konstellation begründet worden. Das *Berliner Tageblatt* repräsentierte eine bürgerliche Kulturprominenz mit Namen wie Gerhart Hauptmann, Thomas Mann, Richard Strauss, Max Reinhardt. Zwischen diesen Positionen gab es gleichfalls Spannungen. Thomas Mann und Alfred Kerr mochten einander nicht. Kerr hatte das Theater Max Reinhardts erbittert bekämpft, war dann aber plötzlich, was Karl Kraus höhnisch nachzeichnete, zu dem Theaterzauberer aus Wien, der so erfolgreich war, übergelaufen.

Karl Kraus in Wien führte einen lebenslangen Kampf gegen die Wiener Parallelmacht zum *Berliner Tageblatt*, nämlich die *Neue Freie Presse*. So wurde Kraus in Wien mit den allein von ihm selbst geschriebenen roten Heften der *Fackel* zum Inbegriff einer Gegenkultur. Arnold Schönberg widmete seine *Harmonielehre* dem Herausgeber der *Fackel*. Alban Berg bekannte sich dankbar als Leser von Karl Kraus. Kraus seinerseits hatte nur Worte des Hohnes für Hugo von Hofmannsthal, mit welchem ihn in den Anfängen, sie gehörten beide zum Jahrgang 1874, genauso wie Arnold Schönberg, eine gewisse Freundschaft verbunden hatte. Nun jedoch hatte Kraus eine andere Art der Dichtung entdeckt und gefördert. Er war ein guter Entdecker. Er trat ein für Else Lasker-Schüler, für Georg Trakl, für die Gedichte des jungen Bert Brecht.

Was ich von diesem Augsburger zu halten hätte, sagte mir während meiner letzten Schuljahre das getreue *Berliner Tageblatt*. Eigentlich nichts nämlich. Auf Vorschlag des Münchener Dramaturgen, des Dr. Lion Feuchtwanger, hatte man zwar ein Stück *Trommeln in der Nacht* an den Kammerspielen aufgeführt, was sogar ein Erfolg gewesen war. Der ursprüngliche Titel hatte *Spartakus* geheißen. Die Geschichte eines Heimkehrers, der aus Wut und

Enttäuschung zu den Spartakisten geht, dann aber mitten im Kampf umkehrt, um die wiedergefundene Braut heimzuführen in das große, weiche, breite Bett. Dergleichen ekelte mich an, den bürgerlichen Kölner Primaner, der geweint hatte als Fünfzehnjähriger bei der Nachricht vom Mord an Karl Liebknecht und Rosa Luxemburg. Mit diesem Brecht wollte ich nichts zu tun haben.

Auch ein erster Theaterabend mit einem Stück von Brecht bewirkte keine Wandlung. Da war ich schon ein Student, wohl im Jahr 1925. Im Kölner Schauspielhaus spielte man Brechts Bearbeitung des elisabethanischen Königsdramas *Leben Eduards des Zweiten von England* von Christopher Marlowe. Der Schauspieler Lothar Müthel gastierte in der Titelrolle. Eine sentimentale Inszenierung, die dieses Leben des Königs Edward und seines Liebhabers Gaveston wie ein Passionsstück zelebrierte.

Ich bin auch heute noch der Meinung, daß Brechts Fassung hinter der Härte, Zwiespältigkeit und Komik des Stückes von Marlowe weit zurückbleibt. Das war Brotarbeit für den jungen Brecht, die ihm Feuchtwanger zugeschanzt hatte. So hat es mir Brecht später freimütig gestanden. Ihn selbst hat nur der Versuch gereizt, nämlich eine große politische Rede im elisabethanischen Stil abzufassen. Daraus wurde die große Rede über den Trojanischen Krieg und den Untergang Trojas nach einem Zwist um die schöne Helena. Die Rede war angelegt auf die Schlußpointe: »Freilich hätten wir dann auch nicht die Ilias.«

Ich machte mir auch keine sonderliche Mühe, andere Aufführungen Brechts zu sehen. In Köln wurde er ohnehin nicht gespielt. Den *Baal* hatte ich gelesen, ohne viel zu verstehen. Später empfahl man mir während meiner Berliner Studentenjahre, im Schauspielhaus am Gendarmenmarkt das Stück *Mann ist Mann* anzuschauen. Ich wollte nicht. Die Kritiken in meinen Blättern waren spöttisch oder bösartig. Oder beides. Es kam hinzu, daß ich innerlich dem *Berliner Tageblatt* inzwischen untreu wurde und zur *Weltbühne* überlief, die nach dem plötzlichen Tode des Herausgebers Siegfried Jacobsohn von Kurt Tucholsky geleitet wurde. Kurt Tucholsky schien auch nicht viel von jenem Brecht zu halten. Also.

III. Beim Lesen der Hauspostille

Brechts berühmte (und natürlich auch berüchtigte) *Legende vom toten Soldaten* kannte ich schon mit sechzehn Jahren. Der Sanitätssoldat Bert Brecht soll sie, so will es die Legende, den verwundeten Soldaten im Spital zur Klampfe vorgetragen haben. Lange Zeit hielt sich eine andere Legende, wonach die Geschichte von dem wieder ausgegrabenen und ordentlich reaktivierten Leichnam eines der ersten Gedichte des Lyrikers Brecht gewesen sei. Das war ein Mißverständnis, wie man heute weiß. Die Gesamtausgaben dokumentieren eine reiche lyrische Produktion schon des jungen Augsburgers. Im Gespräch hat Brecht immer wieder betont, seine eigentlichen Lehrmeister hätte er nicht am Plärrer in Augsburg gefunden, sondern in München, also in Schwabing. Als Lehrmeister verstand er selbst vor allem Frank Wedekind und Karl Valentin. Das Vorbild der Bänkelgesänge Wedekinds ist unverkennbar. Dennoch wäre ein Text wie jene *Legende vom toten Soldaten* undenkbar gewesen für den Verfasser des *Marquis von Keith*. Anderseits ist gerade dieses in München spielende Hochstaplerstück Frank Wedekinds in seiner heimlichen Glorifizierung des Schwindlers und nicht minder geheimen Verspottung des Moralisten Ernst Scholz unverkennbar von Bedeutung gewesen für viele »Gesinnungen« in Bert Brechts *Hauspostille*.

Die *Legende vom toten Soldaten* steht in der *Haus-*

postille von 1927 unter der Rubrik der Fünften Lektion mit dem Untertitel *Die kleinen Tagzeiten der Abgestorbenen*, worunter man sich vermutlich auch kleine Brotzeiten vorstellen darf.

Auch der tote Soldat in der offiziellen Gesellschaft von Militärarzt, militärischem Geleit und Militärseelsorge befindet sich in einem Zwischenreich von Sein und Gewesensein.

Ich habe das Gedicht, das ich um das Jahr 1922 las, zugleich als eine Erweckung empfunden. Ich hatte den Krieg als Kind erlebt, in allen Hungerzeiten, hatte vom heimgekehrten Vater erfahren, was sich so alles abspielte an der Front und in der Etappe, bei den gemeinen Leuten wie in den höheren Rängen. Mein jugendlicher Haß gegen dieses kaiserliche und kriegerische Deutschland wurde genährt und erwidert in diesem Text von Bert Brecht. Lange konnte ich das Gedicht auswendig. Manche Strophe ist auch heute noch im Gedächtnis.

Unvergeßbar zunächst die 6. Strophe, wenn der tote Soldat in Marsch gesetzt wird.

> Und sie nahmen sogleich den Soldaten mit
> Die Nacht war blau und schön.
> Man konnte, wenn man keinen Helm aufhatte
> Die Sterne der Heimat sehn.

»Man konnte, wenn man keinen Helm aufhatte, die Sterne der Heimat sehn.« Auch die Schlußstrophen sind abermals mit Blick weniger nach oben als von oben gerichtet.

So viele tanzten und johlten um ihn
Daß ihn keiner sah.
Man konnte ihn einzig von oben noch sehn
Und da sind nur Sterne da.

Die Sterne sind nicht immer da.
Es kommt ein Morgenrot.
Doch der Soldat, so wie er's gelernt
Zieht in den Heldentod.

Was ich damals nicht verstand, waren die Zeilen »Es kommt ein Morgenrot. Doch der Soldat, so wie er's gelernt, zieht in den Heldentod«. Für Brecht war offenbar diese Formel entscheidend als schüchterne Vorahnung von einem bißchen Prinzip Hoffnung.

Der Stückeschreiber Brecht hingegen teilte diese Hoffnung des Lyrikers nicht im Verlaufe der Münchener Räterepublik. In seiner späteren Fassung von *Trommeln in der Nacht* stellte Brecht die Szenen der Spartakisten unter ebendieses Motto: »Es kommt ein Morgenrot«. Hier jedoch war die Zeile »Legende vom toten Soldaten« zur Bitterkeit entartet.

Bei jenem Schlüsselgedicht vom deutschen Krieg mit seinen Kriegstreibern hat es für mich, den Gymnasiasten und späteren Studenten, vorerst sein Bewenden gehabt. Sonst habe ich damals kaum ein Brecht-Gedicht für mich entdeckt.

Als dann aber im Jahre 1927 die *Hauspostille* erschien mit dem Titel *Bertolt Brechts Hauspostille*,

»mit Anleitungen, Gesangsnoten und einem Anhange«, las ich mich fest. Das war nun wirklich eine Erweckung, und sie ist es geblieben, sie hat einen Wendepunkt bedeutet in der Geschichte des deutschen Gedichtes. Der Bänkelsang Wedekinds war säkularisiert gewesen. Er sparte alle Transzendenz aus. Bei Brecht vermischt sich Bibelfestigkeit mit der Blasphemie. Der Unglauben vermischt sich mit dem Unglauben an den Unglauben. Ein katholischer Publizist behauptete damals zornig, diese Verse seien als »des Teufels Gebetbuch« zu verstehen. Ebendies waren sie nicht. Alle diese Bittgänge und Exerzitien waren gleichzeitig als *Psalmen* zu verstehen. Auch die späteren Gedichte Brechts bedienen sich, gerade in sehr versöhnlicher Weise, jeweils der biblischen Vorgabe des Psalmisten.
Mir hatten es vor allem zwei Texte angetan, die ich immer wieder im Verlaufe eines langen Lebens innerlich wiederholte. Der eine handelt *Von der Freundlichkeit der Welt* und steht innerhalb des Kapitels *Exerzitien*.

1

Auf die Erde voller kaltem Wind
Kamt ihr alle als ein nacktes Kind
Frierend lagt ihr ohne alle Hab
Als ein Weib euch eine Windel gab.

2

Keiner schrie euch, ihr wart nicht begehrt
Und man holte euch nicht im Gefährt.

Hier auf Erden wart ihr unbekannt
Als ein Mann euch einst nahm an der Hand.

3
[...]

4
Von der Erde voller kaltem Wind
Geht ihr all bedeckt mit Schorf und Grind.
Fast ein jeder hat die Welt geliebt
Wenn man ihm zwei Hände Erde gibt.

Hier gesellte sich für mich eine frühere lyrische Erweckung zu einer Gegenerweckung. Hugo von Hofmannsthals *Ballade des äußeren Lebens* entstand wenige Jahre vor der Geburt von Brecht, hatte den Ablauf allen menschlichen Lebens als ein wirres und unverstehbares Nebeneinander interpretiert. Alles begann mit dem Worte »und«. Ein Nebeneinander, niemals ein Miteinander. Bis plötzlich am Ende des Gedichtes ein »und dennoch« aufscheint. Das Wort Abend, dessen Substanz als »Tiefsinn und Trauer« gedeutet wird.

Auch Brechts Gedicht über die Freundlichkeit der Welt ist ein Reimgedicht. Statt der kunstvollen Gleichgültigkeit der Aussagen bei Hofmannsthal spricht hier ein sachliches Alltagsparlando. Auch dies ist ein Gedicht der Beziehungslosigkeit. Auch bei Brecht gibt es in den beiden Schlußzeilen eine Wiederholung jenes »und dennoch«. Kein Leben war offenbar ganz unbeliebt.

Die eigentliche *Hauspostille* hingegen wird abgeschlossen, in guter evangelischer Überlieferung, mit einem Warngedicht.

Gegen Verführung

1
Laßt euch nicht verführen!
Es gibt keine Wiederkehr.
Der Tag steht in den Türen;
Ihr könnt schon Nachtwind spüren:
Es kommt kein Morgen mehr.

2
Laßt euch nicht betrügen!
Das Leben wenig ist.
Schlürft es in schnellen Zügen!
Es wird euch nicht genügen
Wenn ihr es lassen müßt!

3
Laßt euch nicht vertrösten!
Ihr habt nicht zu viel Zeit!
Laßt Moder den Erlösten!
Das Leben ist am größten:
Es steht nicht mehr bereit.

4
Laßt euch nicht verführen!
Zu Fron und Ausgezehr!

> Was kann euch Angst noch rühren?
> Ihr sterbt mit allen Tieren
> Und es kommt nichts nachher.

Für mich gehörten beide Gedichte zusammen. Einerseits die Freundlichkeit der Welt, die nicht ganz negiert wurde. Zum anderen aber die Warnung vor allem Suchen nach einer höheren Sinnhaftigkeit.
Als »Anhang« hatte Brecht in dem Gedichtband von 1927 drei Texte unter die Überschrift *Vom armen B. B.* gestellt. In den späteren Ausgaben ist nur ein einziges Gedicht, eben jenes mit der Überschrift *Vom armen B. B.* übriggeblieben. Die beiden anderen hatte Brecht bald von sich selbst zurückgezogen.
Es gab auch noch ein viertes Gedicht vom armen Bert Brecht, das dieser selbst sogar bereits vor dem Druck der *Hauspostille* unterschlug.
In der ersten Zusammenstellung der *Hauspostille*, damals noch versehen mit dem Titel *Taschenpostille*, findet sich ein Gedicht mit der Überschrift *Von seiner Sterblichkeit*. Der ganze Abschnitt trug noch die Überschrift *Vom armen Bidi*. Das war ganz unverhohlen auf den schreibenden Dichter bezogen, und jenes dann unterschlagene Gedicht handelt von dessen Sterblichkeit.

Von seiner Sterblichkeit

Mir sagte der Arzt: Rauchen Sie ruhig Ihre
                                      Virginien!
Um die Ecke muß schließlich mit oder ohne ein
                                      jeder.
In der Schleimhaut meiner Pupille z. B. sind
                                      krebsige Linien:
Daran sterbe ich früher oder später.

Natürlich braucht einer deswegen nicht zu
                                      verzagen
So einer kann noch lange leben.
Er kann sich den Leib voll mit Hühnern und
                                      Brombeeren schlagen
Einmal natürlich reißt es ihn eben.

Dagegen aber richtet keiner was aus, weder mit
                                      Schnaps noch mit Schlichen!
So ein Krebs wächst heimlich, ohne daß man ihn
                                      spürt.
Und womöglich bist du schon ausgestrichen
Und hast eben noch deine Braut zum Altare
                                      geführt.

Mein Onkel z. B. trug noch gebügelte Hosen
Als er schon lange gezeichnet war.
Er sah aus wie's Leben, aber es waren
                                      Kirchhofsrosen
Und an ihm war kein gesundes Haar.

Da gibt es Leute, die haben es in der Familie
Aber sie gestehen es sich nicht ein.
Sie verwechseln nicht Ananas mit Petersilie
Aber ihr Krebs kann ein Leistenbruch sein.

Mein Großvater wiederum wußte genau,
                              was ihm blühte
Und lebte vorsichtig, peinlich nach dem Rezept.
Und brachte es so auf fünfzig Jahre; dann war er
                              es müde
Aber so hätte freilich kein Hund einen Tag gelebt.

Unsereiner weiß: es ist keiner zu beneiden.
Jeder hat sein Kreuz, wie er immer war.
Ich selber habe ein Nierenleiden
Ich darf nichts trinken seit Tag und Jahr.

Was hier als ein scheinbar indiskretes Mitteilen körperlicher Nöte ausgesagt wird, sollte aber nicht in solcher Weise mißverstanden werden. Auch hier galt bereits die Aussage des späten Brecht: Wen immer man in diesen Versuchen suchen wolle, »ich bin es nicht«. Er ist es auch hier nicht. Das Gedicht folgt der lyrischen und antiken Tradition eines Lamento. Der in die Latinität verliebte junge Brecht kannte sich aus. Übrigens hat Brecht, der wirkliche Brecht, sein Leben durchaus nicht mit einem schweren Nierenleiden zugebracht. Er starb einen Herztod, und auch der war vielleicht, bei anderer Behandlung, im Jahre 1956 nicht unvermeidbar.

IV. Die Dreigroschenoper

Der 31. August 1928 sollte den plötzlichen und schließlich dauerhaft gebliebenen Weltruhm Bert Brechts bedeuten. Im Berliner Theater am Schiffbauerdamm, unweit vom Bahnhof Friedrichstraße, spielte man *Die Dreigroschenoper*. Nach John Gays *The Beggar's Opera*. Musik von Kurt Weill. Während der Proben muß es viel Unbehagen und Zweifel gegeben haben. Auch die Besetzung war nicht so, wie sie Brecht sich gewünscht hatte. Die ausgezeichnete Schauspielerin Carola Neher stand nicht zur Verfügung. Die blonde Roma Bahn übernahm die Rolle der Polly und siegte damals mit dem berühmten *Barbara-Song*. Auch seinen Mackie Messer hatte Brecht sich anders gedacht: bösartiger, gar nicht besonders verführerisch. Der erste Mackie Messer jedoch, der Schauspieler Harald Paulsen, der stürmisch gefeiert wurde, legte für lange Zeit hin damit das Besetzungsschema fest für alle Aufführungen der *Dreigroschenoper*, in welchem Land und welcher Sprache auch immer. Diesem Mackie Messer glaubte man ohne weiteres den bedenkenlosen Hochstapler und erfolgreichen Liebhaber. Das Messer glaubte man ihm nicht. Gleichberechtigt im Rang und der Wirkung waren die Gegenspieler, also das Ehepaar Peachum, Erich Ponto aus Dresden und die Berlinerin Rosa Valetti. Vor allem Erich Ponto war musterhaft in der Zeichnung des Bettlerkönigs. Er illustrierte jene in den zwanziger Jahren sehr viel gerühmte und erörterte Studie des Soziologen Max Weber über den engen Zusammenhang zwischen puritanischer Askese und kapitalistischer Bewährung durch den materiellen Erfolg. Wer Erfolg hat, beweist dadurch, auch als ein »verlotterter Christ«, daß er in der Gnade ist.

Da man am Schiffbauerdamm nicht an einen Erfolg glaubte, waren bereits Proben angesetzt worden für ein Ersatzstück. Darauf konnte nun, am Tage nach der Premiere, verzichtet werden.

Im *Berliner Tageblatt* war man ungehalten über einen Erfolg dieses angeblich so erfolglosen Dramatikers. Man suchte alles herunterzuspielen. Brecht selbst habe wenig Anteil an diesem Erfolg. Da sei die großartige Musik von Kurt Weill, und da sei alles schon vorgebildet im englischen Original aus dem 18. Jahrhundert bei John Gay. Auch die in Berlin so erfolgreiche Oper gegen die Oper sei vorgebildet gewesen im 18. Jahrhundert durch den aus Deutschland stammenden Musiker Johann Christoph Pepusch, der den Engländern eine herrliche Händel-Parodie geliefert hat. Später entdeckten die Leute, die Alfred Kerr zuarbeiten wollten, daß Brecht bei all diesen Songs hier bewußt nach dem Vorbild des französischen Gangsterdichters François Villon geschrieben hatte, im Text übereinstimmte mit K. L. Ammers Nachdichtung der Villon-Texte. Hier glaubte man Brecht als Plagiator entlarven zu können. Er gab sich arglos und berief sich auf die eigene »Laxheit in Fragen des geistigen Eigentums«.

Natürlich hatte er recht. Viele Jahrhunderte und viele große Künstler hatten die gleiche Laxheit bewiesen: von Johann Sebastian Bach bis zu Georg Büchner. Übrigens hatte Brecht nur ein paar Zeilen von Ammer übernommen, weil er sie nicht glaubte verbessern zu können.
All diese Versuche, den Erfolg der *Dreigroschenoper* von Brecht gleichsam wegzunehmen, mußten scheitern. Was bei John Gay eine englische Zeitsatire des korrupten frühen Liberalismus gewesen war unter den Königen aus dem Hause Hannover, wurde bei Brecht in doppelter Weise aktualisiert und verschärft. Gerade nicht dadurch, daß man im Kostüm und Tonfall die zwanziger Jahre unseres Jahrhunderts auf die Bühne brachte, sondern durch eine sprachliche Verfremdung. Außerdem durch zwei scheinbar widerspruchsvolle Demonstrationen. Einmal verstanden als enger Zusammenhang von Staatlichkeit und Verbrechertum. Zum anderen durch die Demonstration einer typischen Bürgerlichkeit inmitten der Verbrecherwelt. Gangster sind Bürger.

Ausschlaggebend für den Erfolg war aber der enge Zusammenhang zwischen dieser Lyrik und dieser Musik. Kurt Weill, immerhin noch ein Kompositionsschüler von Engelbert Humperdinck, fand erst hier, in der Zusammenarbeit mit Brecht, zu seiner eigenen künstlerischen Kenntlichkeit.
Die leidenschaftliche Absage an die Normen und Rituale der Bourgeoisie wurde *nicht* demonstriert mit

Hilfe einer Gegenwelt von tapferen und redlichen Proletariern. Von wenigen Ausnahmen abgesehen spielen die Arbeiter auf dem Brecht-Theater nur selten eine vorbildhafte Rolle. Weshalb der Stalinismus dem Stückeschreiber Brecht stets vorwarf, keine »positiven Helden« zu liefern.

In der *Dreigroschenoper* wird die Absage an die Bourgeoisie als *Bejahung des Bürgertums* vollzogen. Nur wer im Wohlstand lebt, lebt angenehm! Planwirtschaft ist sinnlos, weil alle Pläne mißlingen. Ob der Verbrecher als Verbrecher behandelt wird, das hängt von vielerlei Umständen ab. Gute Eigenschaften sind schädlich. »Beneidenswert, wer frei davon.« Wir haben dies alles damals leidenschaftlich zitiert und gesungen. Immer wieder mußte ich am Klavier die Finale begleiten, wenn die Freunde und Freundinnen jene Texte zitierten, die wir alle auswendig kannten.

Ich hatte in Berlin noch die Aufführung am Schiffbauerdamm gesehen in der Originalbesetzung. Bei uns in Köln wollte eine prüde Stadtverwaltung dergleichen nicht aufgeführt sehen. Wir reisten nach Düsseldorf zu Louise Dumont, wo übrigens ein sehr guter Schauspieler, gar nicht besonders verführerisch und schon ältlich, den Mackie Messer gab. Die Polly aus Düsseldorf, Louise Rainer, eine Jüdin, war später, nach 1933, in Filmen aus Hollywood zu sehen.

Schließlich konnte auch im Kölner Schauspielhaus in der Glockengasse das anstößige Stück gezeigt werden. Man hatte den Text etwas retuschiert. Polly hatte sich zu der Maxime bekannt, im Liebesfalle müsse man sich »doch einfach hinlegen«. In Köln hatte sie zu erklären, man müsse sich »doch einfach hingeben«. Was viel obszöner klang.

V. Berichte aus dem Exil

Es mag sonderbar klingen, wenn nun erwähnt werden muß, daß etwa zwischen 1930 und 1941 bei mir völlige Indifferenz zu verzeichnen war gegenüber allem, was diesen Bertolt Brecht und sein Wirken betraf. Das muß erklärt werden, weil die meisten Germanisten, die sich mit Brecht beschäftigen, wenig Kenntnis besitzen von dem, was Brecht selbst als die »finsteren Zeiten« bezeichnet hat. Noch weniger ist man, nicht zuletzt verschuldet durch mangelnde oder falsche Information der Medien, heute unterrichtet über Brechts schwierige Zeiten, seine Beziehungen zu den damaligen offiziellen Kommunisten und damit zur Sowjetunion des allmächtigen Generalsekretärs J. W. Stalin.
Brecht war nicht aus Erbarmen mit den Proletariern zum Marxismus gekommen, sondern als Leser der Schriften von Karl Marx. Sein eigentlicher Lehrmeister im Marxismus war Karl Korsch. Ursprünglich ein offizieller und wichtiger Funktionär der KPD, später nach dem offiziellen Sprachgebrauch: ein Renegat, Abschaum, Agent des Imperialismus. Korsch hat offenbar vor allem mit Brecht die historischen und philosophischen Gedankengänge der Dialektik unternommen. Kenntnis der marxistischen Kritik am Kapitalismus erhielt Brecht, etwa um das Jahr 1928, folglich zur Zeit der *Dreigroschenoper*, durch den Wirtschaftswissenschaftler und Soziologen Fritz Sternberg, der 1926 ein Buch mit dem Titel *Der Im-*

perialismus herausgebracht hatte, das auch für mich damals als Lehrbuch diente. Ich erinnere mich noch daran, daß Brecht um jene Zeit in Köln an einem Vierergespräch des Westdeutschen Rundfunks teilnahm, in dem er seine Gesellschafts- und Kunstauffassung erörterte. Moderator und Gastgeber war der Intendant des Rundfunks, der einstige neuromantische Dichter Ernst Hardt. Mitgebracht hatte Brecht zu seiner Unterstützung seinen getreuen Parteigänger und Theaterkritiker Herbert Jhering, dem er 1922 den Kleistpreis zu verdanken hatte, und ebenden Fritz Sternberg. Sternberg war politisch ein Gegner des offiziellen Kommunismus. Ein Marxist, ebendarum jedoch kein Stalinist. Er hat später, nach Ende des Zweiten Weltkrieges, einige Parteien der Sozialistischen Internationale zu beraten versucht: ohne sonderlichen Erfolg.

So hat es sich damals zugetragen, von heute aus gesehen. Nach außen hin hingegen mußte Brecht als getreuer Gefolgsmann Stalins und seiner deutschen Parteifreunde empfunden werden. Der Film *Kuhle Wampe* war natürlich ein Propagandafilm der Kommunisten. Brechts Solidaritätslied *Vorwärts und nicht vergessen: die Solidarität* entsprach der Parteilinie. Der Film mit der unvergeßbaren Musik von Hanns Eisler war beides in einem: Parteidoktrin und übergreifende gemeinsame Hoffnung in der Krise der Arbeiterbewegung und der bürgerlichen Demokratie in Deutschland. Andererseits war Brechts Marxismus zu keiner Zeit linientreu. Mit seiner noch etwas lehrlinghaften Dialektik war der Stükkeschreiber der *Maßnahme* an der Grenze zur Inhumanität gelandet. Brechts *Heilige Johanna der Schlachthöfe* mußte man, nach Brechts Willen, als ein Stück gegen die Sozialdemokratie interpretieren. Es ging dort nicht um die Heilsarmee, sondern um eine sozialdemokratische deutsche Politik, welche sich nach den damaligen Worten des Gewerkschaftstheoretikers Fritz Tarnow als »Arzt am Krankenlager des Kapitalismus« zu verstehen gedachte.

Damit entsprach der damalige Brecht, vielleicht ohne es zu wollen, dem Stalinschen Dogma von den zwei Faschismen, zwischen denen man zu unterscheiden hätte: also zwischen Mussolini und den Braunen auf der einen, den sogenannten »Sozialfaschisten«, sprich SPD, auf der anderen Seite. Besonders gefährlich, so Stalin, seien die Sozialfaschisten. Damals kämpften rote Gewerkschafter an der Seite brauner Bataillone gegen die Sozialdemokratie und den Allgemeinen Deutschen Gewerkschaftsbund. Die Folgen sind bekannt.

Die heilige Johanna der Schlachthöfe ist trotzdem eines der tiefsinnigsten und kühnsten Werke des Stückeschreibers Brecht. Allein, es hinderte mich damals daran, den Autor dieses Meisterwerks kennenzulernen.

Ich habe Stalin immer gehaßt, las sehr früh die Schriften von Trotzki, ohne dadurch zum Trotzkisten zu werden. Ich stand politisch zwischen den Sozialdemokraten und den Parteikommunisten. Links von der SPD, rechts von der KPD. Die Freunde der Rosa Luxemburg, vor allem August

Thalheimer und Heinrich Brandler, waren meine damaligen politischen Lehrer. Für die Thälmann-Partei waren sie verächtlich geworden als ausgeschlossene Renegaten. Ihr Mentor hieß N. J. Bucharin, dem Stalin später den Genickschuß verordnete.
Dies alles ist Zeitgeschichte, Literaturgeschichte, Individualgeschichte in einem. Auch hier sind die weiteren geschichtlichen Ereignisse bekannt.

Dann hatten wir alle bloß noch die Wahl zwischen dem Entkommen, also dem Exil, oder der Verhaftung mit wahrscheinlicher Todesbedrohung. Brecht war kühl und scharfsichtig gewesen, auch hier. Er mißtraute allen Beschönigungen, auch den eigenen. Er dachte nicht daran, sich und die Seinen, Frau und Kinder und enge Mitarbeiterinnen, einem Exil im sowjetischen »Vaterland der Werktätigen« anzuvertrauen. Andere hatten es getan, wie die Schauspielerin und Freundin Carola Neher. Der späte Brecht war unablässig bemüht, Klarheit zu erhalten über den Tod dieser Frau im sowjetischen Gefängnis, die einstmals verheiratet gewesen war mit dem Dichter Klabund.
Sein Exil wählte sich Brecht in Skandinavien. Vor allem im dänischen Svendborg, später in Schweden, als Dänemark besetzt wurde. Seinen Exilort muß er geliebt haben. Die dänische Schriftstellerin Karin Michaelis hatte ihm immer geholfen. Der Titel der *Svendborger Gedichte* ist als dankbare Erinnerung zu verstehen. Brecht sprach in einem Gedicht von der Flucht »unter das Strohdach des Nordens«. Spä-

ter, in den fünfziger Jahren, als Brecht tot war, habe ich es besuchen dürfen, das Haus mit dem Strohdach des Nordens. Ein kleines Haus, wohl noch aus dem 18. Jahrhundert. Ein großer Garten, nahezu ein Park. Unten eine Meeresbucht.

Hier hat Brecht vielleicht die glücklichste Zeit seines Lebens verbracht. Ein Exil bei den anderen politischen Emigranten in Prag oder Paris war wohl niemals beabsichtigt worden. Hätte er sich etwa in Paris an den Kursen einer Deutschen Freiheits-Universität beteiligen sollen, die von einem Schüler des Georg Lukács, dem Ehemann der Anna Seghers, der sich hier Johann Schmidt nannte, im strengen Stalinismus geleitet wurde? Oder in Prag, wo die einstige *Weltbühne* von Ossietzky und Tucholsky nicht minder orthodox, sprich stalinistisch, übrigens aber geschickt und gut lesbar herausgegeben wurde?

Brecht behielt Verbindung mit seinen früheren Freunden und Gesprächspartnern. Walter Benjamin wohnte unter dem Strohdach des Nordens. Verbindung weiterhin mit dem Renegaten Karl Korsch. Gleichzeitig aber hatte sich Brecht bereiterklärt, als Mitherausgeber der in Moskau edierten Literaturzeitschrift *Das Wort* verantwortlich zu zeichnen. Zusammen mit Willi Bredel, einem ehemaligen Hamburger Metallarbeiter, der ein erschütterndes Buch, *Die Prüfung*, über seine Erfahrungen im deutschen Konzentrationslager geschrieben hatte, und dem Dr. Lion Feuchtwanger in Südfrankreich.

Bredel in Moskau, Brecht in Dänemark, Feuchtwan-

ger in Südfrankreich. Wie sollte eine solche Redaktion funktionieren?
Im Jahre 1947, also ein Jahrzehnt nachdem *Das Wort* in Moskau zum Schweigen gebracht worden war, erörterte ich diese Frage mit Willi Bredel. Doch, diese Troika habe funktioniert. Alle in der Zeitschrift gedruckten Texte seien von Brecht und Feuchtwanger mit gelesen worden. Bleibt die Frage nach jenen anderen Texten, die Bredel in Moskau vorlagen und welche nicht – aus welchen Gründen immer – zum Versand kamen.
Trotzdem war die Haltung der Zeitschrift *Das Wort* unverkennbar als Widerspiegelung eigener Gedanken und Meinungen Brechts zu verstehen. Sie war eine Gegengründung gewesen zu der gleichfalls in Moskau herausgegebenen deutschen Ausgabe der *Internationalen Literatur*. Jene wurde durch Johannes R. Becher geleitet, der eigentliche Partner jedoch war Georg Lukács, der Brecht niemals – als stalinistischen Marxisten – anerkannt hatte. Auch die offiziellen sowjetischen Ideologen haben Brecht und den Brechtianern stets mißtraut: bei aller offiziellen Freundlichkeit mit den »Sympathisanten«. Brecht hat die Feindschaft von Lukács stets und innig erwidert. In einem seiner Tagebücher aus dem amerikanischen Exil, also während der Kriegszeit, findet sich der böse Satz: die Bedeutung von Lukács beruhe darauf, daß er in Moskau sitze und schreibe.

Zur wirklichen Konfrontation zwischen Brecht und dem offiziellen Kommunismus ist es dann wohl im

Juni 1935 in Paris gekommen. Man hatte sich zu einem Kongreß zur »Verteidigung der Kultur« zusammengefunden. Becher war einer der Organisatoren. Dieser Intellektuellen-Kongreß gegen den Faschismus war glanzvoll besetzt. Eigentlicher Präsident war Heinrich Mann. Neben ihm präsidierten H. G. Wells, André Gide, Henri Barbusse, auch noch (oder bereits) André Malraux. Ernst Bloch war gekommen und hielt eine Rede, die wohlgefällig war. Walter Benjamin war gekommen, doch er hielt keine Rede. Robert Musil war gekommen aus Wien und hielt gleichsam eine Gegenrede. Scharfe Trennung zwischen Literatur und Politik.

Auch Bertolt Brecht war aus Dänemark gekommen. Auch er hielt eine Rede, die sehr viel Ärger hervorrief bei den Veranstaltern der Tagung. Man war davon ausgegangen, nachdem sich Stalin in Moskau von Dimitroff hatte umstimmen lassen für eine Politik der Sammlung, nicht der sektiererischen Spaltung, daß es an der Zeit sei, eine gemeinsame Politik des Antifaschismus zu organisieren. Eine wirkliche Einheitsfront: nicht gegen die einstigen Sozialfaschisten, sondern mit ihnen. Auch mit bürgerlichen Liberalen und christlichen Gegnern des braunen Regimes.

Womit gesagt war, daß integraler und orthodoxer Marxismus (nicht Stalinismus!) ganz unerwünscht sein mußte auf dieser Tagung. Man ignorierte weltanschauliche Gegensätze im Interesse einer gemeinsamen Strategie und Taktik.

Das jedoch war Brechts Sache durchaus nicht. Er

unterschied nach wie vor, und mit aller Schärfe, zwischen Herrschaft und Knechtschaft. Seine Erkenntnisse ließ er sich nicht nehmen. Mithin hielt er eine kurze, doch schneidend scharfe Rede gegen den Kapitalismus und für den Sozialismus. Ein kluger Leser des *Kapitals* von Karl Marx nahm hier das Wort. Genauso wie ich selbst hatte auch Brecht einen Lieblingssatz jenes Fritz Sternberg nicht vergessen, der lautete: »Der Kapitalismus ist nicht mit der Demokratie verheiratet, sondern mit dem Profit.«

Brecht beendete seine Rede mit dem Satz: »Kameraden, sprechen wir von den Eigentumsverhältnissen.« Erst später, als eine Gesamtausgabe vorbereitet werden mußte, wurde großer Wert darauf gelegt, daß ebendiese Rede mit aufgenommen wurde.

Ich hatte später Gelegenheit, sowohl mit Becher wie mit Brecht über diese Episode zu sprechen. Becher war nach wie vor wütend. Brecht war nach wie vor mit sich zufrieden. Am Schluß seiner Rede hatte er betont: alle seine Ausführungen seien bar jeder Originalität. Dies alles sei wohlbekannt. Er halte es jedoch für wichtig, dies alles zu wiederholen. Und es sei auch wichtig, »daß ich es gesagt habe«. Man konnte diese Wendung ganz sicher als Abgrenzung, beinahe als Kampfansage verstehen.

Alle weiteren Nachrichten über Brecht während der Kriegszeit waren als Gerücht zu verstehen. Flucht aus Dänemark nach Schweden. Dann die Reise durch die Sowjetunion, die sich noch nicht im Krieg befand. Kein Gedanke an ein Exil daselbst. Man hatte sich ein Exil ausgesucht in den USA, in Kalifornien, in Los Angeles. In einem der späten Hollywood-Gedichte zitierte Brecht ein Poem des englischen Romantikers Shelley, der behauptet hatte um das Jahr 1820, der Sitz der Hölle befinde sich in London. Brecht korrigierte sanft den Kollegen Shelley. Nicht London sei die Hölle, sondern Hollywood. Mit solchen Einsichten mußte Brecht, und notwendigerweise, vor ein Tribunal zitiert werden wegen seines »unamerikanischen« Verhaltens.

VI. Schauspielhaus Zürich: Courage, Sezuan, Galilei

Der Kriegsausbruch vom 1. September 1939 hatte auch für mich alles verändert. Ich war im Sommer aus Paris, wo ich zuletzt gewohnt und gearbeitet hatte, noch einmal nach Genf zurückgekehrt. Ein bißchen wie jener Hans Castorp auf der ersten Seite des Romans *Der Zauberberg*. Er fuhr auf Besuch für drei Wochen. Daraus wurden bekanntlich die bösen sieben Jahre, die mit dem Ausbruch eines Ersten Weltkrieges enden sollten.

Der Zweite Weltkrieg hielt mich also fest in der Schweizerischen Eidgenossenschaft. Die wäre den mittellosen Emigranten ohne gültige Papiere gerne losgeworden, was aber nicht anging. So sind immerhin sechs Jahre daraus geworden. Die haben vieles in meinem Leben und meinen Ansichten verändert. Während der Jahre der Emigration von 1933 bis 1939 hatte ich stets großen Abstand gehalten zu den offiziellen Organisationen der deutschen Emigration. Nun brachte es der Kriegsverlauf mit sich, daß sich die Emigranten in ihrem – rettenden – schweizerischen Getto miteinander arrangieren mußten. Das galt für mich selbst ebenso wie für die kommunistischen Funktionäre. Für sie war ich durchaus kein unbeschriebenes Blatt. Ein Brandlerianer, pendelnd zwischen linker Sozialdemokratie und kommunistischer Rechtsabweichung. Diese Leute hatte man auch im Exil nicht besonders gern. In unseren

Arbeitslagern, in die auch ich seit dem Herbst 1940 immer wieder geschickt wurde, war deutlich sichtbar, wer von den kommunistischen Emigranten und Internierten als zugehörig betrachtet wurde und wer nicht.

Dennoch hatte man sich in der Tat im Laufe der Kriegsjahre arrangieren können und müssen. Da kam viel zusammen. Seit dem Überfall auf die Sowjetunion hatte sich auch unter den Emigranten eine Art Allianz der Antifaschisten gebildet. Eine diesmal realistischere Volks- und Einheitsfront. Auch hatten wir allen Grund, gemeinsam zu handeln beim Umgang mit der eidgenössischen Fremdenpolizei. Sie hatten nicht vergessen, daß deren Chef Dr. Rothmund den Nazis Denkhilfe geleistet hatte, als er vorschlug, allen deutschen Nichtariern ein großes »J« in den Paß zu stempeln. Während der deutschen Blitzsiege war man in einigen Berner Büros darauf gefaßt, uns alle im Falle eines Einmarsches der braunen Bataillone mit aller bürokratischen Genauigkeit auszuliefern. Die Leute von Vichy haben das vorgemacht. Dann aber begann man am Endsieg des Führers zu zweifeln. Man ging besser mit uns um, Beschwerden über Schikanen im Arbeitslager wurden ernst genommen, führten bisweilen zur Ablösung eines allzu rüden Lagerleiters.

Natürlich war die Mehrzahl der Emigranten in den Lagern vor der Rassenverfolgung geflohen. Die politischen Emigranten und Internierten kamen nach Kriegsbeginn aus dem besiegten Frankreich. Ehema-

lige Spanienkämpfer. Künstler und Schriftsteller, die nicht mehr im Dritten Reich hatten leben wollen. Es entstand, jenseits allen stalinistischen Sektierertums, eine wirkliche Solidarität der – vorerst – Geretteten.
Mit der Parodie eines berühmten Hölderlin-Zitats habe ich den Vorgang gekennzeichnet. »So kam ich unter die Kommunisten.« Sie hielten zunächst strenge Distanz. Das änderte sich im Laufe der Kriegsjahre. Ich habe damals wirklich gespürt, was das sein kann: Solidarität. Gegen das Kriegsende war ich zum »Fellow Traveller« geworden.

Ein anderes kam hinzu. Seit der Jahreswende 1937/1938 hatte ich mein Manuskript über *Georg Büchner und seine Zeit* beenden können. Ich schickte es an einen Verleger. An den einzig möglichen Verleger für dieses Buch, nämlich den Dr. Emil Oprecht in der Rämistraße von Zürich. Er hatte zwei Verlage, die sich auf Exilliteratur spezialisiert hatten. Dort erschien ein Buch von einem gewissen Heinrich Regius, der in Wirklichkeit Max Horkheimer hieß. Bei Oprecht, mit dem er befreundet war, gab Thomas Mann eine Monatsschrift *Maß und Wert* heraus. Oprecht gab mein Manuskript seinem wichtigsten literarischen Berater: dem Dramaturgen Kurt Hirschfeld vom Schauspielhaus Zürich. Hirschfeld war ein gebildeter Marxist, ehemaliger Chefdramaturg des Hessischen Staatstheaters in Darmstadt. Er stammte aus Lehrte in Niedersachsen. Hirschfeld ist allzu früh gestorben,

durfte aber noch erleben, daß er vom Lande Niedersachsen mit dem Großen Kulturpreis ausgezeichnet wurde.
Das geistige und theatralische Konzept des Schauspielhauses Zürich ist, wie niemals bestritten wurde, durch ihn entworfen worden. Auch die Entdeckung und Entwicklung der beiden Autoren Max Frisch und Friedrich Dürrenmatt war ihm zu danken. Bei der Totenfeier haben es beide mit bewegten Worten geschildert.
Nun wurde Kurt Hirschfeld zum ersten Leser meines Buches über *Georg Büchner und seine Zeit*. Er war für mich der ideale Leser. Er hat auch mich entdeckt, empfahl das Manuskript zum Druck für Oprechts Europa-Verlag. Im Herbst 1939 sollte mit dem Druck begonnen werden. Die Eröffnungspremiere vom September 1939 war *Dantons Tod* von Georg Büchner. Ein Stück aus meinem Danton-Kapitel wurde im Programmheft abgedruckt. Ein Erstdruck aus meinem Buch, das erst im Juni 1946 in Wiesbaden erscheinen konnte. Während des Krieges war an alle Veröffentlichungen in der kleinen, umringten Schweiz nicht zu denken.
Im August 1938 tagte in Zürich ein Internationaler Historikerkongreß. Alle führenden Nazis waren erschienen. Es gab Beleidigungen und Prügeleien mit den Schweizern und anderen Kongreßbesuchern beim Abendessen in den verschiedenen Zunfthäusern.
Ich kam nach Zürich zum Kongreß, sprach auch in der Diskussion über das Buch *Vorkriegsimperialis-*

mus des emigrierten deutschen Historikers Wolfgang Hallgarten. Er hatte selbst referiert. Die Nazis sahen uns belustigt zu, verschmähten aber eine Diskussion. Sie würden uns schon noch kriegen.

Im Hause meines Verlegers Emil Oprecht wurde ich mit zwei Leuten bekanntgemacht, die entscheidend werden sollten für mein späteres Leben: Kurt Hirschfeld und Golo Mann. Der Umgang mit Kurt Hirschfeld wurde bald sehr freundschaftlich. Er hat sich während der Kriegsjahre immer wieder mit mir über künftige Spielpläne und Werkinterpretationen unterhalten. So wurde ich bald mit den wichtigsten Mitgliedern dieser herrlichen Truppe bekannt. Einige kannte ich noch von Deutschland her, vor allem Wolfgang Langhoff vom Düsseldorfer Schauspielhaus. Hirschfeld war sehr großzügig bei der Verteilung von Freikarten an die Emigranten aus den Arbeitslagern. So konnten wir immer im Theater sitzen und an den Uraufführungen teilnehmen. Es kam hinzu, daß Kurt Hirschfeld seit den zwanziger Jahren in Berlin ein wirklich gutes und freundschaftliches Verhältnis besaß zu Bertolt Brecht. Das hat sich ausgewirkt im Krieg und Nachkrieg. Vier der wichtigsten Schauspiele des Stückeschreibers wurden hier durch Hirschfeld und seine Freunde uraufgeführt: *Courage*, *Sezuan*, *Galilei*, *Puntila*. Die drei ersten habe ich in der Besetzung der Uraufführung in Zürich sehen können. Mein Verhältnis zu Bert Brecht ist dadurch von Grund auf verändert worden. Eine schwierige Annäherung kam zum Abschluß.

Der 19. April 1941 hat alles entschieden. Uraufführung am Heimplatz in Zürich. *Mutter Courage und ihre Kinder. Eine Chronik aus dem Dreißigjährigen Krieg.* Das Werk ist seitdem weltbekannt. Es wird stets gespielt, gemäß einer Anordnung von Brecht, mit der Musik von Paul Dessau, dem Exilkollegen in Kalifornien.

In Zürich hatte man zwar das Manuskript, das Brecht an Kurt Hirschfeld schicken ließ, doch es gab noch keine Musik dazu. Der sehr begabte Bühnenmusiker des Hauses, der schweizerische Komponist Paul Burkhard, schrieb eine schöne Musik mit mitreißenden Melodien für die Songs. Ich muß gestehen, daß sie mir auch heute noch lieber sind als die interessanten Partituren meines Freundes Paul Dessau, den ich seit meiner Jugendzeit kannte. Er war damals Zweiter Kapellmeister am Kölner Opernhaus. Otto Klemperer hatte ihn ebenso geholt wie den jungen Kölner Kapellmeister Hans Wilhelm Steinberg, den späteren William Steinberg.

Den Auftrittssong der Mutter Courage hatte Burkhard nach den Noten aus der *Hauspostille* harmonisiert. Die große Therese Giehse gestand mir später, als wir auf diesen Tag der Uraufführung zurückschauten, auch sie habe bei allen späteren Aufführungen mit Sehnsucht an die Musik von Paul Burkhard zurückgedacht. Freilich, sie hatte eine Intonation, die an deutsche Schlager der zwanziger Jahre erinnerte. Kurt Weills Schatten lag immer

noch über der Partitur. Die von Brecht gewünschte –
auch – musikalische Verfremdung kam nicht zustande.
Daran hat es offenbar in allen Stücken damals in
Zürich gefehlt. Die Aufführung wurde ein gewaltiger Erfolg. Als Brecht nach seiner Flucht aus Amerika nach dem Kriege in Zürich eintraf, wurde ihm
zu Ehren die *Mutter Courage* neu inszeniert. Wiederum mit großem Erfolg. Brecht war abermals
wütend. Genauso wütend wie beim Lesen der begeisterten Presseberichte, die man ihm nach Amerika
geschickt hatte. Da mußte er erfahren, seine Courage sei eine große tragische Gestalt. Eine Niobe. Als
hätte es nie einen Versuch Brechts gegeben, eine
nichtaristotelische Dramatik zu begründen. Ganz
ohne Reinigung der Leidenschaften, ohne Mitleid
und Furcht. Brecht war wütend, wie gesagt. Er ließ
es seinen Freund Hirschfeld wissen.
Brecht hatte recht und unrecht zugleich. Für ihn war
die Courage alles andere als eine tragische Niobe.
Sie hatte einfach nicht begriffen, daß man ohne Kapital nicht verdienen kann am Krieg. In einem Anfang der fünfziger Jahre in Berlin geführten Gespräch zwischen Brecht und Friedrich Wolf weigerte
sich der Stückeschreiber, irgendeine schillerische
»Wandlung« bei der Titelheldin zu akzeptieren. Die
Courage hat sich nicht gewandelt. Außerdem:
»Mich interessiert es nicht, ob die Courage sehend
wird. Ich will, daß der Zuschauer sieht.«
Dem entspricht die Dramaturgie dieser historischzeitlosen Chronik. Der Titel verbindet die Mutter

Courage mit ihren drei unehelichen Kindern von verschiedenen Vätern. Alle drei Kinder der Courage gehen an ihren guten Eigenschaften zugrunde. Der Eilif an seiner Tapferkeit. Der Schweizerkas an seiner Redlichkeit. Die von der Soldateska geschändete Kattrin an ihrer Liebe zu den von den Soldaten bedrohten Kindern in der nächtlich schlafenden Stadt, die überfallen werden soll. Sie trommelt die Schlafenden wach, wird von den wütenden Angreifern heruntergeschossen vom Dach. Zuletzt zieht Mutter Courage ohne die drei Kinder den Planwagen durch die Landschaften des Dreißigjährigen Krieges. Sie hat nichts begriffen, will immer noch am Gemetzel verdienen.

Natürlich entschied Therese Giehse über den Erfolg. Die Züricher Kritiker hatten nicht unrecht, wenn sie die Tragik der Gestalt an den unmerklichen Regungen der Darstellerin verspürten. Vielleicht hatte Therese Giehse sogar eine neue und ungewohnte Dimension hinzugefügt: den Kontrast zwischen geistiger Starrheit und tiefer Gefühlsbewegung.

Die nächste Brecht-Premiere in Zürich fand erst am 4. Februar 1943 statt. *Der gute Mensch von Sezuan. Ein Parabelstück.* Man muß daran erinnern, daß zwischen der *Courage* und dieser neuen Brecht-Aufführung die wichtigsten Ereignisse eines Zweiten Weltkrieges mitgedacht werden müssen. Sieg über Frankreich, Einmarsch in Dänemark, Norwegen, Jugoslawien und Griechenland. Überfall auf die Sowjetunion. Einer der hohen politischen Sachkenner in meinem Genfer Exil sagte mir in jenen Junitagen des Jahres 1941: »Die Deutschen werden durch Rußland ziehen wie das Messer durch die Butter.« Er schien recht zu behalten. Dann aber kam um die Jahreswende 1942/43 die seit langem und sehnlich erwartete Umkehr. Stalingrad und El Alamein. Wir haben das alle in unseren Arbeitslagern von Tag zu Tag miterlebt. Dergleichen kann man nicht vergessen.

Nach der deutschen Katastrophe an der Wolga war die Niederlage des Dritten Reiches abzusehen. In dieser Phase einer engen Verbindung von Wirklichkeit und Bühnenwirklichkeit erlebten die Besucher in Zürich das Parabelstück vom guten Menschen im chinesischen Sezuan.

Zusammen mit der *Heiligen Johanna der Schlachthöfe* ist Brechts chinesisches Parabelstück als einer der kunstvoll gebauten und dialektisch schwierigen Texte des Stückeschreibers Brecht zu verstehen. In beiden Stücken wurde die sogenannte Postmoderne vorweggenommen. Mit Hilfe von literarischen und historischen Zitaten und Anspielungen wird eine Bühnenwirklichkeit als historische Konstellation präsentiert. Brecht hat seine Quellen zum *Guten Menschen* niemals verheimlicht. Es hat ihm gereicht, Goethes bewundertes Gedicht *Der Gott und die Bajadere* aus einer Gedichtparabel in eine dramatische Parabel zu verwandeln. Auch die drei Götter, die herabsteigen von ihrer Wolke ins irdische Sezuan, gab es bereits seit 1928 in einem kleinen Spottgedicht. Drei Literaturgötter waren damals im undankbaren Dresden erschienen und dort schlecht behandelt worden: Brecht, Bronnen und Döblin. Brecht hatte sich damals mit dem Schreiben des Spottgedichts selbst beruhigt. Der Einfall war ihm jedoch geblieben. Die Literaturgötter als Götter. Wobei er sich selbst als eine vor der Wirklichkeit ohnmächtige Gottheit verstand.

Außerdem war dieses chinesische Parabelstück auch eine Weiterführung der *Heiligen Johanna der Schlachthöfe*. Damals die Ohnmacht der Heilsarmee (und der Sozialdemokratie) vor der Härte des Klassenkonfliktes. Diesmal die Wendung ins Persönliche. Wie kann man gut sein in einer unguten Welt. In diesem Parabelstück steht Brecht, was er nicht gern gehört hätte, ganz in der Nähe von Theodor Wiesengrund Adorno. Der hatte behauptet, ein richtiges Leben sei unmöglich in einem Allgemein Falschen. Ebendies hat Shen Te zu lernen. Sie braucht den bösen Vetter Shui Ta, in den sie sich immer häufiger zu verwandeln hat. Am Ende wird der böse Vetter die noch übriggebliebene Gutheit aufgefressen haben. Die Götter können nichts ausrichten. Bei ihnen landet die ethische Forderung des Gutseins bei der läppischen Alltagsformel: »Mach's gut!«

Wie also? Die Worte des Epilogs bei Brecht sind oft zitiert worden. Geschlossener Vorhang, offengebliebene Fragen. Das Publikum selbst möge entscheiden. Aber das ist keine Antwort.

Hat Brecht das gewußt? Der Hinweis auf das eigene Nachdenken der Theaterbesucher ist unernst. Genügt es wirklich, wenn die Leute zu Hause die marxistischen Klassiker lesen? Wie kommt es, daß ausgerechnet der Schauspieler des Wasserträgers zum Epilog-Sprecher ernannt wurde? Was ist mit diesem Wasserträger? Ein Brecht-Gedicht, eine Übersetzung aus dem Chinesischen, könnte weiterhelfen bei diesen Fragen.

Die Freunde

Wenn du in einer Kutsche gefahren kämst
Und ich trüge eines Bauern Rock
Und wir träfen uns eines Tags so auf der Straße
Würdest du aussteigen und dich verbeugen.
Und wenn du Wasser verkauftest
Und ich käme spazieren geritten auf einem Pferd
Und wir träfen uns eines Tags so auf der Straße
Würde ich absteigen vor dir.

Hier haben wir ihn also bereits, unseren Wasserverkäufer. Noch dazu einen chinesischen.
Der Germanist Paul Hoffmann ist den Quellen dieses Gedichtes nachgegangen. Zugrunde liegt in der Tat ein chinesisches Poem (100 v. Chr.). Brecht hat offenbar eine englische Übersetzung von Arthur Waley für seine Nachdichtung benutzt.

OATHS OF FRIENDSHIP

> If you were riding a coach
> And I were wearing a ›li‹
> And one day we met in the road,
> You would get down and bow.
> If you were carrying a ›teng‹,
> And I were riding a horse,
> And one day we met in the road,
> I would get down for you.

li: a peasant's hat made of straw;
teng: an umbrella under which a sheap-jack sells his wares; (Straßenhändler).

Interessanterweise weist Paul Hoffmann aber noch auf einen anderen Text von Brecht hin, gleichsam eine Zwischenstufe.

> Wenn du in einer Kutsche gefahren kämst
> Und ich trüge eines Bauern Rock
> Träfen wir uns eines Tages auf der Straße
> Würdest du aussteigen und dich tief verbeugen.
> Wenn du Zeitungen ausriefest
> Und ich käme geritten auf einem Pferd
> Und eines Tages träfen wir uns auf der Straße
> Würde ich absteigen vor dir.

Dieses Gedicht mit dem Titel *Die Freunde* meint stets die Solidarität, die mit Hilfe von »Freundlichkeit« im einzelnen Falle den schroffen Gegensatz

von Herrschaft und Knechtschaft ein wenig zu lindern vermag. Vielleicht meint der Wasserverkäufer ebendies am Schluß des Parabelstücks.
Die Uraufführung in Zürich habe ich nicht gesehen. Ich konnte im Frühjahr 1943 eine spätere Aufführung erleben. Dominierend war diesmal die junge Maria Becker in der Doppelrolle der guten Dirne und des bösen Vetters. Ihr Fliegeroffizier, der sie in die Versuchung der Liebe treibt, wurde von Karl Paryla gespielt. Der Premierenerfolg beim Publikum war nicht ungeteilt. Die Presse war mürrisch. Den Leuten vom Zürichberg hatte das Stück nicht gefallen. Das war nun der reine Klassenkampf. Dem Welterfolg des Stückes hat dies alles nicht geschadet.

Die dritte große Brecht-Premiere fand noch im selben Jahr 1943 statt. Kurt Hirschfeld konnte die Spielzeit 1943/44 am 9. September mit dem Schauspiel *Leben des Galilei* eröffnen. Bei dem chinesischen Parabelstück hatte, ebenso wie bei *Mutter Courage*, der Österreicher Leopold Lindtberg Regie geführt. Den Galilei spielte (und inszenierte) Leonard Steckel. Er war eine Idealbesetzung der Titelrolle. Dieses Gemisch aus geistiger Meisterschaft und bedenkenloser Ausbeutung der gesamten Umwelt, der Besessenheit eines Forschers und der geheimen Menschenverachtung: alles war vorhanden und spürbar. Wie aber stand es mit dem Widerruf, der natürlich eine Lüge war. Ich saß diesmal unter dem Publikum der Premiere. Für uns war alles klar an diesem Abend. Galilei bequemt sich zum Widerruf, um weiterarbeiten zu können. Er taucht unter, macht sich zum senilen Narren.

Bis es zum Gespräch kommt mit dem scheinbar abtrünnigen Schüler von einst, der durch Deutschland weiterreisen will in die geistig freien Niederlande. Er nimmt das gut versteckte Manuskript der *Discorsi* mit sich. Dabei spricht Galilei für uns den Schlüsselsatz. Der Schüler solle vorsichtig sein, »wenn du durch Deutschland kommst und die Wahrheit unter dem Mantel trägst«. Das verstanden wir alle an jenem Abend. Galilei hatte mit Recht widerrufen.

So muß es auch Brecht selbst im skandinavischen Exil und später in Kalifornien verstanden haben, als er dort mit dem großen Schauspieler Charles Laughton sein Schauspiel aufführen ließ.

Dann fielen die Atombomben. Brecht überdachte den Fall der Physiker, also auch seines Galileo Galilei. Er gab dem Schauspiel eine völlig andere Wendung. Galilei übte Selbstkritik. Er hat nicht widerrufen müssen. Er sei damals viel mächtiger gewesen, als vermutet. Ein großer Physiker und ein miserabler Soziologe. Dergleichen dürfe in den Reihen der Wissenschaft nicht geduldet werden.

Spielbar ist diese zweite Fassung nicht. Jegliches Publikum hat seitdem den Widerruf des Galilei innerlich gebilligt. Brecht hat dieses Schauspiel geliebt. Seine letzte Lebenszeit war erfüllt mit den Theaterproben. Leonard Steckel hatte zwar unter Brechts Regie, auch in Berlin, wie bei der Züricher Uraufführung, den Herrn Puntila gespielt. Abermals unübertrefflich. Dann wurde er unter Druck gesetzt in der Schweiz, wollte nicht mehr in Ostberlin spielen. Ich habe damals bei einem Gespräch mit Brecht spöttisch gesagt: »Wenn Ihnen irgendein Schauspieler, jung oder alt, vorspricht, so fragen Sie sich insgeheim, ob das ein möglicher Galilei sein könnte.« Brecht hatte gegrinst.

Im Laufe des Jahres 1955 erklärte er mir plötzlich, Ernst Busch werde den Galilei spielen. Ich muß skeptisch ausgesehen haben, bei aller Bewunderung für Busch. Busch als Galilei? Brecht sagte: »Busch ist unter allen mir bekannten Schauspielern der einzige, dem man Genie glaubt.« Das gab den Ausschlag. Trotzdem hat dann Ernst Busch nach dem Tode von Brecht innerhalb der zweiten Fassung den Galilei der ersten Fassung gespielt.

VII. Berlin, November 1948

Es wird unverständlich, nahezu absurd, was sich dann nach dem Kriegsende im Mai 1945 im Verlauf der weiteren vierziger Jahre weltgeschichtlich abspielen sollte. Keine wirkliche Einsicht bei den besiegten Deutschen, das war auch nicht erwartet worden. Dafür auch nicht der gefürchtete Partisanenkampf fanatischer Werwölfe. Man hatte sie gründlich satt, alle Lehren und Rituale der Hakenkreuzler. Für sie wollte man nicht – noch nachträglich – das Leben opfern. Rauschende Feiern zunächst bei den Siegern. Dann jedoch beginnt der Alltag. Stalin hat gesiegt und will nun abermals Rechnungen begleichen, wie damals zwischen 1935 und 1937, stets legal, endend mit der programmierten Hinrichtung. Galgen wurden errichtet in Prag und Budapest. Den in Budapest aufgehängten Kommunisten Tibor Szönyi hatte ich im Schweizer Exil kennengelernt. Nun wurde er aufgehängt, später rehabilitiert. Im Jahre 1962 sagte mir Georg Lukács in Budapest: »Hätte ich 1949 nicht Selbstkritik geübt, so läge ich heute in einem Ehrengrab.«

In den Vereinigten Staaten hatte der einstige Vizepräsident des vor Kriegsende gestorbenen Präsidenten Franklin D. Roosevelt, Harry S. Truman, begriffen, daß der westlichen Welt nunmehr in der siegreichen Sowjetunion ein großer Gegner als Weltmacht entstanden war. Worauf Truman seit Februar 1947 die Neuorientierung betrieb. Keine Solidarität

mehr zwischen den Alliierten. Alle »Roten« im eigenen Land und allenthalben in der Welt sind die neuen Gegner.
Das Weitere ist bekannt. Senator Joseph McCarthy aus dem Staate Wisconsin und sein juristischer Berater Robert Kennedy. Unamerikanische Umtriebe. Hanns Eisler muß vor dem Ausschuß erscheinen, er wird nach Texten von Brecht befragt, die er komponiert hatte. Sehr unamerikanische Texte. Eisler hat später erzählt, wie er die Unbildung der Richter in Rechnung setzte, indem er dreist erklärte, auch diese Texte habe er selbst geschrieben. Er wurde ausgewiesen aus den Vereinigten Staaten.
Brecht wurde trotzdem vom Ausschuß vorgeladen. Auch dies ist bekannt. Er kam einer Ausweisung zuvor, indem er rechtzeitig eine ungehinderte Ausreise vorbereitet hatte.
So kam er in die Schweiz mit seiner Großfamilie. Kurt Hirschfeld bereitete eine vierte Uraufführung vor. Am 5. Juni 1948 spielte man in Zürich das Volksstück *Herr Puntila und sein Knecht Matti*.
Regie geführt hatte Brecht selbst, allein, er besaß keine schweizerische Arbeitserlaubnis. Folglich erschien sein Name nur als Verfassername auf dem Theaterzettel. Für die Regie zeichnete verantwortlich Kurt Hirschfeld.
Brecht hat in der Schweiz versucht, eine Gemeinsamkeit in der Haltung der Stückeschreiber zu erreichen. Es fand ein dramaturgisches Gespräch statt mit Max Frisch und Carl Zuckmayer. Es drängte Brecht, die Vaterstadt Augsburg und den jüngeren

Bruder Walter wiederzusehen. Im Frühherbst bekam er aus Ostberlin eine Einladung des dortigen »Kulturbundes zur demokratischen Erneuerung Deutschlands«. Dessen Vorsitzender war Johannes R. Becher. Brecht nahm die Einladung an. Dann gab es Schwierigkeiten. Augsburg lag in der amerikanischen Besatzungszone. Dort hatte man Brecht seine einstigen »unamerikanischen Umtriebe« nicht vergessen. Er bekam keine Erlaubnis zur Durchreise. Nun begann die mühselige Fahrt von der Schweiz durch Österreich, durch die damals von Krisen geschüttelte Tschechoslowakische Republik, durch die sowjetische Besatzungszone. Endstation Ostberlin. Die Großfamilie steigt ab in einem erhalten gebliebenen Hotelflügel des zerstörten Hotels Adlon hinter dem Brandenburger Tor. Zur Vorbereitung des großen Kulturkongresses werden Begrüßungsfeierlichkeiten organisiert. Im einstigen »Herrenklub« in der Berliner Jägerstraße zwischen Wilhelmstraße und Friedrichstraße empfing man an zwei Tagen hintereinander den Ehrengast Arnold Zweig und den Ehrengast Bertolt Brecht. Beide Male bin ich dabeigewesen. Hier beginnt meine Bekanntschaft mit diesem Mann, den keiner vergessen wird, der ihm je begegnen durfte.

In Brechts *Arbeitsjournal* wird diese Begrüßungsfeier nur kurz erwähnt. Brecht notiert vor allem, daß er selbst auf keine der Reden geantwortet habe. Das stimmt. Er saß da, freundlich und undurchdringbar, vor allem auch neugierig. Die führenden sowjetischen Kulturoffiziere waren zugegen, darunter ein in der Sowjetunion als seltener Vogel anzusprechender Brecht-Verehrer, Ilja M. Fradkin. Er hat bei seinen Kollegen von der Sowjetischen Militäradministration (SMAD) eifrig geworben für Brechts Wunsch nach einem eigenen Theater. Fradkin hat dann auch als einer der ersten in der Sowjetunion ein Buch über Brecht verfaßt.

Die eigentliche Begrüßungsrede hielt Wolfgang Langhoff als Gastherr des Deutschen Theaters in der Schumannstraße. Hier mußte es von nun an eine Art von »friedlicher Koexistenz« geben zwischen dem Ensemble des Deutschen Theaters und den Leuten vom künftigen Brecht-Ensemble. Das Theater am Schiffbauerdamm beherbergte immer noch Fritz Wistens Ensemble für die künftige Berliner Volksbühne. Es sollte dann noch Jahre dauern, bis Wisten einziehen konnte am Rosa-Luxemburg-Platz, wie auch die Leute vom Berliner Ensemble nun endlich ihr Brecht-Theater am Schiffbauerdamm eröffnen durften.

Langhoff sprach herzlich und mit großem Respekt über einen Dramatiker, in dessen Stücken er immer wieder selbst mitgewirkt hatte. Beispielsweise als Sohn Eilif der Mutter Courage, was nun wirklich nicht Langhoffs Rolle war.

Brecht blieb beim Zuhören freundlich und undurchdringlich. Er sah die Schwierigkeiten voraus mit der friedlichen Koexistenz. Seit Brechts Ankunft in Berlin am 22. Oktober 1948 notiert das *Arbeitsjournal* vor allem Vorgänge, die sich auf die ersten Proben zur *Mutter Courage* beziehen. Man probiert, zusammen mit dem vorzüglichen Spielleiter Erich Engel, auf der Probenbühne des Deutschen Theaters, was nicht ohne Terminüberschneidungen abgeht. Daneben findet sich im *Journal* (25. November 1948) die kühle Mitteilung »elf zähne ziehen lassen«. Dann sorgenvolle Gedanken über die Prothesen.

In der *Hauspostille* von 1927 gab es bereits ein Gedicht in der Gruppe, die vom armen B. B. gehandelt hatte. Der Titel lautete *Vom schlechten Gebiß*.
Bei dem Empfang in der Jägerstraße war auch Herbert Jhering zugegen. Er machte mich mit Brecht bekannt. Überraschenderweise schien Brecht zu wissen, wer da vor ihm stand. Noch überraschender: er kannte mein Buch über Georg Büchner, und zwar in der schönen Ausgabe des Ostberliner Verlags »Volk und Welt« vom Jahre 1947. Ich nehme an, daß Brecht in Zürich das Buch vom ersten Leser des Manuskripts erhalten hatte: von Kurt Hirschfeld.
Für mich rundete sich in diesem Augenblick der ersten Begegnung ein Kreis zwischen meinem ersten Beisammensein mit Hirschfeld und Oprecht im Herbst des Jahres 1938, als über die Publizierung meines gerade fertig gewordenen Buches gesprochen werden konnte, und diesem Augenblick, da eine Zusammenarbeit für mich möglich wurde, die alles, wie ich meine, in mir verändert hat. Von nun an gehörte ich ein bißchen dazu, wenn Brecht seine ständig anwachsende Heerschar der neuen Großfamilie überschaute.

VIII. Brecht in Leipzig

Das *Journal* vom 26. Januar 1949 enthält eine ziemlich ausführliche Eintragung, die ausdrücklich kontrastiert zu den üblichen kargen Tagesnachrichten sonstiger Mitteilungen Brechts. Da heißt es:

26. 1. 49
fahre nach leipzig und diskutiere in hans mayers kolleg über theater mit arbeiterstudenten. ein selbst physiognomisch verändertes bild einer universität! hier hat man nicht nur eine neue klasse eindringen lassen, sondern die alte nahezu ausgesperrt, so daß die neuen studenten nur ihresgleichen vorfinden und durch kein beispiel zu kommilitonen degradiert werden können. die jungen leute kennen nur die buchausgabe von *furcht und elend*. sie bestätigen die wahrheit der beschreibung, aber sie stoßen sich daran, daß die nazis einfach als gegner behandelt sind. konnte der stückschreiber nicht einen nazi beschreiben, der durch seine erlebnisse zur einsicht kommt? der zuschauer oder leser könnte doch so die wandlung mitmachen! sie lachen allerdings, als ich darauf hinwies, daß selbst das ungeheure elend, in das der nationalsozialismus die bevölkerung stieß, wenig wandel hervorgebracht hat. ich schloß die diskussion mit dem hinweis, das stück sei nicht als erlebnis beabsichtigt, sondern als leitfaden für eine neue klasse, ermöglichend, dem

klassenfeind erfolgreicher entgegenzutreten. ich ging nicht so weit zu sagen, diese klasse könne aus der darstellung dieser unmenschlichen (und zum scheitern verurteilten) diktatur des großbürgertums lernen, ihre eigene diktatur durchzuführen.

Natürlich, es versteht sich, daß diese Eintragung in der bei Brecht gewohnten kleinen Schreibweise im *Journal* nachgelesen werden kann. Allein, es macht Freude, diesen Bericht zu ergänzen und zu interpretieren.
Bei jener Tagung des Kulturbundes in der Jägerstraße war, scheinbar wie nebenbei, die Grundstruktur einer künftigen Kulturpolitik dieser deutschsowjetischen Staatlichkeit entworfen worden. Es stand fest, daß Walter Felsenstein seine Gedanken von einem – scheinbar – realistischen Musiktheater als Bekenntnis zur »Komischen Oper« würde erproben können. Die Proben, wie gesagt, liefen bereits zur *Mutter Courage*. Helene Weigel natürlich in der Titelrolle, drei junge Schauspieler als ihre Kinder. Angelika Hurwicz in der Rolle der Stummen wurde zum schauspielerischen Ereignis. Werner Hinz als Feldprediger, der sich von dem im augenblicklichen Waffenstillstand arbeitslosen Koch sagen lassen muß, der Herr Pfarrer sei besser dran im Frieden als ein Koch in einem hungrigen Land. »Denn geglaubt wird immer.« Was heißen sollte: auch wenn nichts zum Essen da ist.
Die Aufführung hatte einen ungeheuren Erfolg. Trotzdem war Brecht abermals unzufrieden beim

Lesen der Lobeshymnen. Sie war wieder da, die falsche Reaktion, ganz wie damals in Zürich mit der tragischen Niobe. Diesmal verlangten die stalintreuen Kritiker, vor allem jener Fritz Erpenbeck, der als Emigrant in Moskau überleben konnte und der sich mit den Brechtianern anzulegen gedachte, daß die Mutter Courage endlich eine idealistische »Wandlung« als positive Kriegsgegnerin vollzieht. Daran aber fehle es sowohl im Text wie in der Aufführung. Von Brecht aus gesehen: da war sie wieder, die von ihm verabscheute »Einfühlung« des Publikums in die Leiden oder Freuden der Theatergestalten. Man wollte weinen um ihre Kinder, mit dieser Marketenderin. Allein, sie weinte nicht, sondern zog weiter, und besitzgierig, mit ihrem Marketenderkarren.

Während jener Novembertagung war auch beschlossen worden, daß Johannes R. Becher zusammen mit dem bald darauf verstorbenen guten Literaturwissenschaftler Paul Wiegler eine Literatur-Zeitschrift herausgeben werde. Chefredakteur: Peter Huchel. Ich erinnere noch genau jenen Augenblick im Klubhaus während der Tagung, als mich Huchel anspricht, von seiner neuen Aufgabe berichtet und mich auffordert, von nun an ständig mitzuarbeiten an dieser Zeitschrift *Sinn und Form*. Er hat übrigens meinen Namen bereits im Prospekt der Zeitschrift genannt. Huchel gab mir auch ein Exemplar des Prospekts. Da stand auch mein Name. Auch der Name von Ernst Bloch war zu lesen. Bloch würde aber erst im Frühjahr 1949 eintreffen. Mein künftiger Universitätskollege an der Universität Leipzig.

Nach Abschluß der Kulturbundtagung begann bereits die Arbeit für *Sinn und Form*. Huchel begann nicht mit einem ersten Heft der eigentlichen Zeitschrift, sondern mit einem *Sonderheft Bertolt Brecht*. Dieses Sonderheft ist seitdem eine große Rarität geworden. Man muß viel Geld bezahlen, wenn der Buchantiquar ein Exemplar aufzutreiben vermochte. Hier finden wir den Erstdruck des Parabelstücks vom *Kaukasischen Kreidekreis*. Ein Teil des Romans *Die Geschäfte des Herrn Julius Cäsar*. Der Roman ist Fragment geblieben. Später fragte ich Brecht einmal, wann er den Cäsar-Roman fertigschreiben werde. Die Antwort habe ich immer noch im Ohr. »Wenn mir Erpenbeck und [...] das Theaterspielen endgültig verleidet haben werden.« Dazu das berühmte *Kleine Organon für das Theater*, also Brechts anti-aristotelische Ästhetik. Das eigentliche *Organon* ist nämlich ein Werk des Aristoteles. Außer diesen Brecht-Texten und einigen wichtigen Gedichten aus der Vielzahl wurden in diesem Sonderheft drei Essays von anderen Mitarbeitern abgedruckt. Von Ernst Niekisch, von Herbert Jhering. Dazu mein Text über Brecht und die *Plebejische Tradition*. Irgendwelche Berufsmarxisten in der DDR haben später behauptet, das sei kein marxistischer Text. Wieso Plebejer, statt der Werktätigen. Über Marxismus kann immer gestritten werden, wie bekannt. Allein, dieser Text für das *Sonderheft Ber-*

tolt Brecht wurde im Hotel Adlon, und zwar Satz für Satz, zwischen Brecht und mir durchgesprochen.

Hier hatte also eine Bekanntschaft zu einer Arbeitsgemeinschaft geführt. Brecht hielt allein eine solche Bindung auch gefühlsmäßig für dauerhaft. In allen Beziehungen zu Frauen hat er sich dabei auch nicht anders verhalten, und dies ist auch der Arbeitssucht dieses genialen Menschen zugute gekommen, der stets vor der Langeweile ausweichen mußte.
So hat es ihn auch gefreut, meine Einladung nach Leipzig anzunehmen, um vor unseren Studenten zu sprechen. Das war für beide Teile, für den seit Oktober 1948 amtierenden Leipziger Literaturprofessor und seinen berühmten Gast, ein schwieriges Unternehmen. Ich hatte noch keinen Raum erhalten können in der arg zerstörten Universitas Litterarum Lipsiensis. Die Institutsräume befanden sich noch am Augustusplatz in dem neuernannten »Franz-Mehring-Haus«. Die Vorlesungen fanden statt, ein paar Minuten davon entfernt, in der berühmten Ritterstraße und in dem noch erhaltenen Gebäude der einstigen Leipziger Handelshochschule.
Zweite Schwierigkeit. Zu lesen gab es, in diesem Januar 1949, von Brecht bloß das Bändchen *Furcht und Elend des III. Reiches*. Eine Szenenfolge also, die Brecht in den dreißiger Jahren des Exils in Dänemark geschrieben hatte, gleichsam als antifaschistische Warnliteratur. Berühmt geworden und geblieben ist die Szene mit dem Monolog einer jüdi-

schen Frau, die voraussieht, daß ihr reinrassiger Gatte sie selbst höchst schonungsvoll loswerden will.

Dritte Schwierigkeit. Die von Brecht auch sehr klar und scharfsinnig zugleich begriffene Umstrukturierung der Studenten. Man war erst ganz am Anfang bei dem Versuch, neue Studenten mit einer ungewohnten Herkunft von armen Leuten als künftige Akademiker heranzubilden. Brecht sah an jenem Morgen im Hörsaal vor allem diese Studenten eines neuen Typs, allein, eine Mehrheit war nach wie vor vorhanden von Studenten aus dem mittleren und kleinen Bürgertum. Die meisten freilich hatten als Kinder oder Jugendliche den Krieg und den Massentod erlebt. Auch sie wollten lernen.

So kam es zum Zusammentreffen zwischen dem heimgekehrten deutschen Schriftsteller und den jungen Menschen einer neuen deutschen Wirklichkeit, für die er bloß vorhanden war als Legende, als Gerücht und als ein Bändchen über *Furcht und Elend des III. Reiches*.

Der Hörsaal war überfüllt, das versteht sich. Brecht und ich wurden gleichsam in den Hörsaal geschwenkt. Ich hatte durch einen Assistenten einen Platz für Brecht vorn in der ersten Reihe reservieren lassen, weil er sich weigerte, auf dem Katheder zu sitzen. Der reservierte Stuhl war aber besetzt von einem Jungen. Brecht stand verlegen vor ihm, der sein Gegenüber nicht erkannte. Er wollte nicht aufstehen. Brecht schien das verständlich zu finden. Er wollte einen anderen freien Stuhl finden. Man klärte

den Irrtum auf. Der Student gab etwas verlegen den Stuhl frei. Da saß er nun: mit dem Rücken zum Auditorium. Ich begann die Begrüßung, die sehr herzlich vom Auditorium bestätigt wurde. Dann gab ich ein paar Hinweise auf *Furcht und Elend des III. Reiches*, erläuterte vor allem die lose Folge der Szenen, die keinen dramaturgischen Zusammenhang miteinander haben.
Dann sollten Fragen an Brecht gestellt werden. Es waren neugierige Fragen von Lesern des Buches. Brecht antwortete freundlich und genau. Die Studenten merkten, da hat einer ernsthaft gearbeitet. Dann aber kam von oben her aus dem Hörsaal eine junge und freche Stimme mit der Frage: »Warum sollen wir uns denn immer noch mit diesen alten Geschichten beschäftigen?« Brecht wußte sofort, was hier gespielt wurde. Er drehte sich ein bißchen um, als schaue er nach hinten. Dann sagte er laut und scharf: »Damit künftig nicht mehr solche Fragen gestellt werden!« Stürmischer Beifall.

Er war sichtlich angetan von dieser Veranstaltung, nicht im mindesten entmutigt. Wir aßen dann zu Mittag, und ich wies darauf hin, daß soeben im Hörsaal demonstriert worden war, wie nötig es sei, das *Sonderheft Bertolt Brecht* so schnell wie möglich herauszugeben.
Brecht ist dann noch ein paarmal bei uns in Leipzig gewesen. Einmal hatte er dort in der Kongreßhalle bei irgendeiner Tagung eine kurze politische Rede gehalten. Das einzige Mal, daß ich ihn am Redner-

pult erlebte. Er las seinen Text geduldig ab. Rhetorik war seine Sache nicht.

In meiner Leipziger Wohnung erlebte ich auch alle Krisen und Konflikte der Regisseurin Ruth Berlau, die in einem kleinen Theater der »Kammerspiele« eine Aufführung von Brechts Gorki-Bearbeitung *Die Mutter* inszenierte. Mit der Musik von Hanns Eisler. Für die letzten Musikproben zu dieser Aufführung war auch Eisler gekommen. Es wurde eine sehr schöne Aufführung, die für Brecht als Probe anzusehen war für seine künftige Aufführung beim Brecht-Ensemble mit Helene Weigel und Ernst Busch.

Wir sind auch irgendwann einmal im Leipziger Schauspielhaus gewesen und sahen einen sowjetischen Propagandaschmarren mit dem Titel *Oberst Kusmin* nach dem bewährten Schema, daß kleinere Untergebene Fehler begehen im Stück, die dann aber von einer höheren Instanz, einem Obersten also, aufgedeckt und verhindert werden. Auch Oberst Kusmin als Vater der Völker: wie sein Generalissimus im Kreml. Brecht wollte ausdrücklich das Stück sehen, weil er Schauspieler sehen wollte, die er für sein künftiges Ensemble gebraucht hätte. Er sah dort aber niemanden auf der Bühne. Wir gingen in der Pause. Was nicht hinderte, daß Brecht später einen Schauspieler nach Berlin an den Schiffbauerdamm holte, der dort großen Erfolg hatte. Vor allem als Mackie Messer in der *Dreigroschenoper*. Damals in Leipzig aber hatte ebendieser Schauspieler den Oberst Kusmin gespielt.

IX. Der Streit um den General Lukullus und den Doktor Faustus

Man hat ihm in Moskau niemals so recht getraut, dem Sympathisanten Bertolt Brecht aus Augsburg. Da kam viel zusammen. Vergessen hatte man ihm nicht jene dissidentische Rede auf dem Pariser Kongreß von 1935. Noch weniger hatte man es gebilligt, im Kreise der literarischen und ästhetischen Berater Josef Stalins, daß sich die Großfamilie Brecht nicht das Vaterland der Werktätigen ausgesucht hatte als Exilland. Er war offenbar nicht einmal auf den Gedanken gekommen, in Prag oder Paris mit den dortigen Exilkommunisten eng zusammenzuarbeiten. Statt dessen ausgerechnet Dänemark, dann Schweden. Mehr noch: als man aus Europa zu fliehen hatte, wandte sich Brecht zwar an die Sowjetunion, doch nur, um ein Durchgangsvisum zu erbitten für die Weiterfahrt – ausgerechnet in die Vereinigten Staaten, und alles war sorgfältig vermerkt worden in den Registern der sowjetischen Geheimpolizei. Man erinnerte sich natürlich zugleich an die dissidentischen Beiträge in der in Moskau edierten Zeitschrift *Das Wort*, die Brecht als Mitherausgeber zu verantworten hatte.

Schlimmer jedoch war aus der Sicht der ideologischen Besserwisser um A. A. Shdanow, daß Brechts ästhetische Theorie und dramaturgische Praxis überhaupt nicht in Übereinstimmung zu bringen waren mit den sakralen Geboten einer naturalisti-

schen Theaterkunst in der Nachfolge von Konstantin Stanislawski. Es klingt lustig, wenn man heute daran zurückdenkt, allein damals, in den vierziger Jahren, war das eine sehr ernste Sache. Das Stalin-Regime war zum Schluß aufgebaut als riesige Ansammlung von Pyramiden. Also von Hierarchien, die jeweils eine Spitze zur Krönung haben mußten. Im sowjetischen Sprachgebrauch nannte man das eine Nomenklatura. Da wußte man jeweils genau, bis hinunter zu den kleineren Bürokratien, wer zuerst genannt werden durfte und wer an letzter Stelle stand.
Auch in der stalinistischen Ästhetik regierte eine Nomenklatura. Die Spitze der Pyramide, das verstand sich, wurde gebildet aus künstlerischen und literarischen Vertretern des Sozialistischen Realismus. Zu seinen Lebzeiten hat Brecht niemals dazu und dahin gehört. Er wurde wohlwollend eingestuft unter die kritischen Realisten. Was heißen soll: zu den erfreulich scharfen Kritikern der bürgerlichen Gesellschaft, die es bisher jedoch nicht verstanden hatten, sich vorbehaltlos zur sowjetischen Wirklichkeit und zum Vater der Völker an der Spitze zu bekennen. Erst nach seinem Tode wurde Brecht offiziell in Moskau, nachträglich und ehrenhalber, zum Sozialistischen Realisten promoviert.

Dies alles muß erinnert werden, um die absurden Vorgänge zu erklären, die dazu führten, daß Brecht in Ostberlin zwar sehr große Möglichkeiten erhielt für seine Theaterarbeit, daß jedoch im Kreise vor allem der aus dem sowjetischen Exil zurückgekehrten kommunistischen Emigranten von Anfang an tiefe Feindseligkeit zu spüren war gegenüber den Brechtianern. Brecht war die Gründung seines Berliner Ensembles ermöglicht worden durch den hohen Sachverstand der wichtigsten Kulturfunktionäre innerhalb der sowjetischen Militäradministration. Hinzu kam der große politische und literarische Verstand des mächtigen Johannes R. Becher, der den Stückeschreiber Brecht stets öffentlich rühmte, den Lyriker Brecht jedoch, mit gutem Grunde, zu ignorieren suchte.

Man soll das alles heute deutlich erinnern: mit Namen und Adressen. Feinde Brechts und der Brechtianer waren zunächst die Theaterleute Gustav und Inge von Wangenheim. Der Sohn des berühmten Reinhardt-Schauspielers Eduard von Winterstein, ein einstmals begabter Theatermann der Agitationsdramatik, hatte in Moskau, wie man heute in erschreckender Weise feststellen kann, für die sowjetische Geheimpolizei gearbeitet: denunziert. Auch vor Hans Rodenberg hatten sich offenbar die deutschen Emigranten in Moskau gefürchtet. Nun waren Rodenberg und Wangenheim tätig in Ostberlin. Rodenberg leitete dort ein Theater ganz im Sinne der Moskauer Dekrete. Gustav von Wangenheim war rasch gescheitert als oktroyierter Hausherr des Deutschen Theaters in der Schumannstraße. Man holte sich bald den Düsseldorfer Generalintendanten Wolfgang Langhoff als Intendanten.

Die Theaterkritik im *Neuen Deutschland* war stets

gegen Brecht. Auch ein so integerer Künstler wie Friedrich Wolf, der Vater von Konrad Wolf und Markus Wolf, verhehlte nicht sein Befremden über das epische und dialektische Theater Brechts. Der einstige Expressionist Friedrich Wolf, ein durchaus begabter und erfolgreicher Dramatiker der zwanziger Jahre, war philosophisch und idealistisch ein Schilleraner geblieben. Ihm kam es in den Theaterstücken darauf an, daß sich Unmündigkeit des Helden in Mündigkeit verwandelt. Das war nun Brechts Sache gewiß nicht. In einem berühmten Gespräch mit Friedrich Wolf, worin dieser eine »Wandlung« der Mutter Courage zur Kriegsgegnerin gefordert hatte, replizierte Brecht kühl: er sei an den Erkenntnissen der Courage nicht interessiert. Ihm komme es auf die Erkenntnisse der Zuschauer an. Sie sollten sehen, daß die Courage nichts gesehen hat.

Am 15. Januar 1951 ist in Brechts *Journal* Folgendes notiert:

> vormittags gespräch mit dessau. die chorproben zu *lukullus* haben schon angefangen, aber jetzt fordert das volksbildungsministerium die partitur noch einmal ein, und dessau würde lieber die aufführung auf den herbst verschieben. ich bin dagegen. der stoff ist eben jetzt wichtig, wo die amerikanischen drohungen so hysterisch sind. natürlich fürchtet dessau angriffe auf die form, aber selbst die werden, sollten sie beabsichtigt sein, weniger drastisch sein, solang der inhalt so wich-

tig ist. schließlich ist sowohl dessau wie ich davon überzeugt, daß die form der oper die form ihres inhalts ist. außerdem muß man die kritik nie fürchten; man wird ihr begegnen oder sie verwerten, das ist alles. und warum sollten wir annehmen, daß die situation im herbst günstiger sein würde, wenn wir nicht im frühjahr uns darum bemüht haben? die lähmung, welche der kontakt mit den neuen schichten von hörern bei den musikern ausgelöst hat, muß überwunden werden. man muß sich engagieren, und man wird sehen.

Damit sind folgende Vorgänge gemeint. Brecht hatte aus dem schwedischen Exil ein Hörspielmanuskript mitgebracht mit dem Titel *Das Verhör des Lukullus*. Lukullus also nicht lateinisch als Lucullus geschrieben, sondern gleichsam »amerikanisiert«. In einer Anmerkung fordert Brecht sogar, man solle den Namen als »Lakallas« aussprechen. Es ging in aktueller Sicht um die amerikanische Pose des Weltpolizisten nach dem Erfolg mit den ersten Atombomben. Brechts dramaturgisches Konzept will die Geistlosigkeit und Herzenskälte des amtierenden Vernichtungsstrategen mit seinen Einkünften und Ehrenämtern angreifen. Der römische General Lukullus wird mit allen Ehren des römischen Kaisertums zu Grabe getragen. Dann beginnt das Verhör in der Unterwelt. Dort sitzen kleine Leute, Kriegsgegner und Kriegsopfer, auf dem Richterstuhl. Lukullus ist arrogant zu Beginn und fordert Ehrfurcht vor seinen Privilegien. Die gelten hier aber nicht. Es gibt mildernde

Umstände. Sein Koch hat meisterhaft für ihn gekocht. Wir sprechen heute noch von einem lukullischen Mahl. Der General hat auch die Kirsche nach Europa gebracht. Brecht mochte sie gerne, die dunklen Kirschen. Aber die mildernden Umstände reichen nicht aus. Der Spruch lautet: »Ins Nichts mit ihm!« Der Musiker Paul Dessau hatte in Kalifornien zum engen Kreis der Brechtianer gehört. Ich kannte ihn noch aus meiner Jugendzeit in Köln und seiner Assistenz bei Klemperer.
Dessau komponierte *Das Verhör des Lukullus* als Oper. Als eine moderne Oper des 20. Jahrhunderts natürlich. Damit war der Konflikt mit den sowjetischen Besserwissern der Musikszene programmiert. Man kann keinen Tschaikowski aus Dessaus Partituren heraushören.
In Brechts Notiz aus dem *Arbeitsjournal* erfährt man, daß das Volksbildungsministerium die Partitur Dessaus eingefordert habe. Eigentlich eine Unverschämtheit, würde man sagen. Allein, ich weiß noch sehr gut, was dort und damals getrieben wurde. Da gab es eine Überlebende aus Auschwitz. In ihrer Art eine gute und tapfere Frau, die nun Machtansprüche anmelden durfte. Sie konnte keine Noten lesen, kein Instrument spielen, sie hörte nun einmal Georg Friedrich Händel lieber als die Neutönerei eines Dessau. Igor Strawinsky war ohnehin ein anti-sowjetischer Klassenfeind. Aber diese Sektiererin schrieb lange Artikel in den wichtigsten Parteizeitungen. Dort wurde das liebend gern gedruckt. Die jungen deutschen Musiker, erbittert über dieses Ge-

schreibe, gaben ihrer Gegnerin, das weiß ich noch, den Spitznamen »Die Witwe Händel«, was besonders boshaft klang, wenn man an das Leben ebendieses Georg Friedrich Händel zurückdenkt.
So also ging es zu, als Brecht und Dessau nach der sehr erfolgreichen ersten Spielzeit des Berliner Ensembles im Jahre 1950 den Plan faßten, nun auch ihre Theaterarbeit auf das Musiktheater auszudehnen. Der Intendant der Staatsoper, der Schauspieler und Regisseur Ernst Legal, der nach wie vor Opern aufführen konnte in dem unbeschädigten Admiralspalast in der Friedrichstraße, war gern bereit. Eine wunderbare Aufführung konnte vorbereitet werden. Die Preußische Staatskapelle würde spielen. Ein Meister des modernen Musiktheaters sollte am Pult stehen: Hermann Scherchen. Bühnenbilder und Kostüme entwarf der Augsburger Jugendfreund Caspar Neher.
Alle Proben liefen sehr gut. Es wurde gegen Ende des Winters deutlich, daß Brechts ideologische Gegner die Aufführung verhindern wollten. Im Westen von Berlin wurde alles ausgeplaudert, was die Brecht-Gegner natürlich in ihrem Tun bestärkte, was aber die russischen Berater und die Regierung der jungen Deutschen Demokratischen Republik zur Vorsicht mahnte.
So kam es zu einem Kompromiß. Im März sollte einmal als Matinee eine öffentliche Generalprobe stattfinden vor geladenen Gästen. Dann würde man weitersehen. Das »mächtige Häuflein« der Brecht-Gegner mochte auf irgendeinen Volkszorn gehofft

haben. Der fand aber nicht statt. Ich bin dabeigewesen an diesem Sonntagmorgen. Meine Erinnerung scheint zu bezeugen, daß es damals freudige Erwartung im Publikum gab. Man wollte dies sehen und durchsitzen. Bevor er den Taktstock hob, wandte sich Hermann Scherchen an das Publikum und bat, man möge einmal ruhig zuhören und sich ein Urteil bilden. So kam es dann zu einer wunderbaren, sehr genau geprobten und überaus sehenswerten Aufführung eines bedeutenden Stückes.

Brecht hatte recht gehabt, wenn er im *Journal* die Zögerungshaltung des Komponisten mißbilligte. Dieses Stück über den Größenwahn der Generale und ihrer Generalstäbe mußte jetzt gezeigt werden: das zeitgemäße Thema in den zeitgemäßen Formen moderner Kunst. Das war nun geschehen. Es wurde ein bejubelter Erfolg, was nicht ausschloß, daß die kommunistische Bürokratie eine Absetzung des Stückes befahl. Brecht notiert im *Journal* unter dem 25. März 1951:

> was die absetzung des *lukullus* angeht: es ist vorauszusehen, daß bei umwälzungen von solchem ausmaß die künste selbst da in schwierigkeiten kommen, wo sie führend mitwirken. zusammenstoßen die zurückgebliebenheit der künste und die zurückgebliebenheit des neuen massenpublikums. einige künstler haben, in protest gegen die bürgerliche ästhetik (und den bürgerlichen kunstbetrieb), gewisse neue formen entwickelt; nunmehr werden sie von proletarischer seite darauf

aufmerksam gemacht, daß es nicht die formen für die neuen inhalte seien. dies stimmt manchmal, und manchmal stimmt es nicht. manchmal nämlich werden die gewohnten formen verlangt, weil die neuen inhalte noch keineswegs allgemein bei der zur herrschaft gelangten klasse durchgesetzt sind und man die irrige meinung hat, neuer inhalt *und* neue form sei schwerer durchzusetzen als nur eines von beiden.

Die Sektierer mußten schließlich nachgeben. Der Titel wurde verändert. Die Oper hieß nun *Die Verurteilung des Lukullus*. Nun ja. Auch ein paar Zeilen hat Brecht umgeschrieben, um die Möglichkeit »gerechter Kriege« zuzulassen. Dessau hat ein paar Texte neu komponiert. Nun ja. Später konnte man den *Lukullus* von Brecht und Dessau in der wiedererbauten Linden-Oper erleben. Es wurde stets ein Erfolg. Im Jahre 1994 hielt ich in dem noch von Alvar Aalto erbauten Opernhaus der Stadt Essen an einem Sonntagvormittag einen Vortrag. Anschließend bat man mich, ich möge doch einen Augenblick eine Opernprobe der neuen Premiere anhören. Dann saß ich im Zuschauerraum und erlebte eine schöne weit fortgeschrittene Inszenierung der Oper *Das Verhör des Lukullus* von Bertolt Brecht und Paul Dessau.

In diesen letzten Lebensjahren hat Brecht immer wieder kleine Konflikte mit den mittleren und kleinen Bürokraten dieser neuen DDR austragen müssen. Er ist ihnen niemals aus dem Weg gegangen, hat sie bisweilen sogar provoziert. Oft hat er mir bei meinen Besuchen in Berlin davon erzählt. Das muß gegen Ende des Jahres 1951 gewesen sein. Brecht war damals im Oktober mit dem Nationalpreis Erster Klasse ausgezeichnet worden. Er besaß nun einen roten Ausweis mit Bild, den er vorzeigen konnte, um nicht irgendwo in einer Schlange stehen zu müssen. Nomenklatura also. Das hat er ausgenutzt. Einmal fuhr er am Abend von Berlin nach Prag. An der Grenze wollte ihn der Volkspolizist zwingen, aus dem Zug auszusteigen und etwas abstempeln zu lassen. Brecht weigerte sich: »Zuerst sagte ich, ich sei todkrank. Das hat er nicht geglaubt. Dann sagte ich, ich sei uralt. Das hat er nicht geglaubt. Dann sagte ich, ich sei Nationalpreisträger und zeigte meinen Ausweis. Da ließ er mich in Ruhe.« Ein andermal hatte er Ärger am Brandenburger Tor. Er fuhr fast täglich mit dem Wagen nach Westberlin, um seine dort lebende Tochter Hanne Hiob zu besuchen. Er hatte für diese Fahrten einen Generalausweis. Die Wachleute am Brandenburger Tor kannten ihn also genau. Trotzdem verlangte man stets dasselbe Ritual. Brecht weigerte sich schließlich, dabei mitzumachen. Nun war der wachhabende Offizier unvorsichtig und äußerte: »Mit Ihnen hat man doch immer seine Schwierigkeiten.« Das wollte Brecht hören. Er wandte sich an den Ministerpräsidenten und wurde fortan in Ruhe gelassen.

In all diesen Jahren hat Brecht unablässig Hilfe leisten müssen. Ein junger Dramaturg des Ensembles war verhaftet worden. Gegner der Brechtianer in anderen Ostberliner Theatern machten Schwierigkeiten, wenn Brecht ein Mitglied ihres Ensembles beschäftigen wollte. Brecht war beharrlich, doch bisweilen verlor er die Geduld. Einmal berichtete er, wie ihn die Berliner Freie Deutsche Jugend (FDJ) zu einem Gespräch über seine Theaterarbeit eingeladen hatte. Brecht kam mit einigen seiner Mitarbeiter wie Egon Monk und Peter Palitzsch. Brecht war gutwillig gekommen. Er freute sich auf die jungen Menschen. Empfangen wurden die Gäste in eisiger Kälte. Dann sprach ein beamteter »Jugendfreund« und hielt den Gästen eine lange Rede über Formalismus und Realismus, Fortschritt und Dekadenz. In solchen Fällen erwartete man, daß der Gemaßregelte eine Selbstkritik von sich gibt. Brecht sagte kein Wort, nahm seine Mütze und ging weg.

Ungefähr um dieselbe Zeit, Stalin war bereits tot, versuchten die kulturpolitischen Besserwisser im Parteiapparat der SED eine Neuauflage des Streits um den römischen General Lukullus. Diesmal in Form eines Streits um den Erzzauberer Dr. Faustus. Der Musiker Hanns Eisler, ein Schüler Arnold Schönbergs, wie man weiß, und einer der großen Tonsetzer unseres Jahrhunderts, wie man heute zu erkennen beginnt, hatte selbst ein Libretto zu einer Faustus-Oper geschrieben. Getreu der Wagner-Tradition, Text und Musik gemeinsam entstehen zu lassen. Daran hatten sich seitdem so gegensätzliche

Künstler wie Hans Pfitzner, Arnold Schönberg, auch Paul Hindemith in seinen Opern über *Mathis der Maler* und die *Harmonie der Welt* des Johannes Kepler gehalten. Natürlich war Eislers Libretto aus dem engen geistigen Kontakt mit Brecht entstanden. Johann Faustus im Deutschen Bauernkrieg von 1525. Die Konstellation war kühn, und sie war genau zu verstehen aus allgemein künstlerischen Fragestellungen unseres 20. Jahrhunderts. Das Thema lautete: *Politisches Versagen eines kühnen Denkers oder Künstlers im Augenblick einer gesellschaftlichen Umwälzung.* Am Beispiel des *Figaro*-Dichters Beaumarchais hatten das Friedrich Wolf (in einem Theaterstück) und Lion Feuchtwanger (in seinem Roman *Die Füchse im Weinberg*) demonstriert. Thomas Mann analysierte im *Doktor Faustus* die zornige Abkehr des Reformators Martin Luther von den aufständischen deutschen Bauern und von seinem Schüler Thomas Münzer.

Auch in dem Opernlibretto *Johann Faustus* von Hanns Eisler, das der Textdichter im Aufbau-Verlag drucken ließ, bevor er mit der Komposition begann, wird diese Konstellation übernommen. Unrettbarer Konflikt zwischen geistiger Kühnheit und gesellschaftlicher Ohnmacht.

Eisler handelte, wie einstmals Richard Wagner: zuerst – etwa – die Veröffentlichung eines Textbuches mit dem Titel *Die Meistersinger von Nürnberg*, dann viel später, als die Zeit gekommen schien, Vertonung des Textes.

So hatte es Eisler geplant. Dazu ist es nicht mehr

gekommen. Er hat keine Partiturseite mehr geschrieben. Man hat es ihm schlichtweg verekelt. Die Besserwisser waren über das Textbuch hergefallen. Abermals voran der ostpreußische Berserker Wilhelm Girnus, der als großer Verhinderer agieren durfte in den Zeiten einer »Staatlichen Kunstkommission«, der er angehörte. Die Kommission wurde nach dem 17. Juni 1953 sogleich aufgelöst. Immerhin hatte sich der wütende Girnus damals ein Verdienst erworben dadurch, daß er eine Barlach-Ausstellung zu verhindern suchte. Darauf schrieb Brecht eine schöne Studie zu Ehren von Ernst Barlach. Im Falle von Hanns Eisler verzeichneten Girnus und seine Mitstreiter einen vollen Erfolg. Sie argumentierten als getreue Schüler von Georg Lukács, der alle bürgerliche Kunst und Literatur, die nach den angeblichen Höhepunkten Goethe, Balzac, Tolstoi entstanden war, als Verfall diagnostizierte. »Von nun an gings bergab.« Womit Brecht ebenso gemeint war wie Strawinsky und Schönberg, wie der Genosse Pablo Picasso und Ernst Barlach.

Eisler aber hatte angeblich noch Schlimmeres getan. Indem er einen dekadenten Gegenentwurf erdachte, verging er sich gegen ewige Werte: nämlich gegen Goethes *Faust*. Wie jene deutschen Nationalisten des Wilhelminischen Reiches, die nicht zulassen wollten, daß Charles Gounod eine Oper *Faust* geschrieben hat, weshalb man in Deutschland das anrüchige Machwerk mit dem Titel *Margarethe* versah, schienen die Leute um Girnus der Meinung zu sein, mit Goethe sei nun einmal das Thema endgültig behandelt worden. Nun war es offenbar kein Thema mehr. Wirklich nicht?

In einem Brief, der auch in einem Band mit Briefen Bertolt Brechts abgedruckt ist, bat mich Brecht, Hanns Eisler zu Hilfe zu kommen. Ich mußte traurig ablehnen. Ich hatte Einwände ganz anderer Art gegen den sehr interessanten Text von Eisler vorzubringen. Hätte ich mich zu Wort gemeldet in diesem Streit um den Doktor Faustus, so hätte ich mich für Eisler und sein Werk eingesetzt. Dann hätten natürlich auch die Einwände vorgetragen werden müssen. Die Folgen waren absehbar. Argumentation der Leute um Girnus: »Sogar Hans Mayer hat zugeben müssen...«. Dazu durfte es nicht kommen.

Hanns Eisler war tief getroffen über dieses absurde Gezänk. Auch Brecht war verbittert. Hier hatten sich die Angriffe auch gegen ihn gerichtet und gegen seine Inszenierung des Goetheschen *Urfaust* beim Berliner Ensemble. Davon wird noch zu sprechen sein. Vielleicht hätte Hanns Eisler ein musikalisches Hauptwerk liefern können. Seine Schöpferkraft war ungebrochen. Aber sein Schöpferwille erlahmte. Daß dieser Streit um jenen *Johann Faustus* das Leben des wunderbaren Künstlers Hanns Eisler verkürzt hat, halte ich für unwiderlegbar.

X. Der 17. Juni 1953

In Brechts Arbeitsbuch gibt es keine Eintragungen zwischen dem 4. März und dem 20. August 1953. In der Zwischenzeit hatte es den 17. Juni gegeben. Darüber ist, wie bekannt, insbesondere über die angebliche Rolle von Brecht während der Revolte, viel geschrieben worden. Viel Falsches vor allem: teils in Form böswilliger Polemik, teils aus Unkenntnis der Tatsachen.
Heute ist man nicht mehr auf Vermutungen und Gerüchte angewiesen. In seinem *Arbeitsjournal* hat sich Brecht mit aller Genauigkeit zu den Vorgängen des Aufstandes und zu seinem Urteil darüber geäußert:

20. 8. 53

buckow. *turandot*. daneben die *buckower elegien*. der 17. juni hat die ganze existenz verfremdet. in aller ihrer richtungslosigkeit und jämmerlicher hilflosigkeit zeigen die demonstrationen der arbeiterschaft immer noch, daß hier die aufsteigende klasse ist. nicht die kleinbürger handeln, sondern die arbeiter. ihre losungen sind verworren und kraftlos, eingeschleust durch den klassenfeind, und es zeigt sich keinerlei kraft der organisation, es entstehen keine räte, es formt sich kein plan. und doch hatten wir hier die klasse vor uns, in ihrem depraviertesten zustand, aber die klasse. alles kam darauf an, diese erste begegnung voll auszuwerten. das war der kontakt. – er kam nicht

> in der form der umarmung, sondern in der form
> des faustschlags, aber es war doch der kontakt. –
> die partei hatte zu erschrecken, aber sie brauchte
> nicht zu verzweifeln. nach der ganzen geschicht-
> lichen entwicklung konnte sie sowieso nicht auf
> die spontane zustimmung der arbeiterklasse hof-
> fen. es gab aufgaben, die sie unter umständen,
> unter den gegebenen umständen, ohne zustim-
> mung, ja gegen den widerstand der arbeiter
> durchführen mußte. aber nun, als große ungele-
> genheit, kam die große gelegenheit, die arbeiter zu
> gewinnen. deshalb empfand ich den schrecklichen
> 17. juni als nicht einfach negativ. in dem augen-
> blick, wo ich das proletariat – nichts kann mich
> bewegen, da schlaue, beruhigende abstriche zu
> machen – wiederum ausgeliefert dem klassen-
> feind sah, dem wieder erstarkenden kapitalismus
> der faschistischen ära, sah ich die einzige kraft,
> die mit ihr fertig werden konnte.

Brechts Entscheidung war damals am 17. Juni auch die meinige. Diese Revolte darf nicht siegen. Zuviel Hoffnung und Zukunft steht auf dem Spiel. Ich veröffentlichte damals auch einen Text mit der Überschrift *Der 17. Juni und die Rosenbergs*, worin ich zu zeigen suchte, wie wenig das westliche, vor allem amerikanische Mitgefühl mit den aufständischen Arbeitern in der DDR vereinbar sei mit einer Praxis, die damals gerade das Ehepaar Rosenberg unter dem Vorwurf der Ostspionage auf dem elektrischen Stuhl zu Tode brachte.

In der Tagebuchaufzeichnung Brechts wird deutlich, daß er keine Rückkehr zulassen möchte zum Kapitalismus. Die DDR soll ein neuer Staat bleiben, in welchem die arbeitenden Menschen sich wiedererkennen und dessen Strukturen durch sie bestimmt werden. Schwere Fehler der Regierenden und ihrer Partei haben die Krise zwischen dem Volk und seinen angeblichen Volksvertretern erzeugt. Nun muß wieder Identität hergestellt werden zwischen Volk und Staat.

Weshalb Brecht ebenso erbittert wie belustigt war über einen Artikel, den der damalige Generalsekretär des Schriftstellerverbandes, Kurt Barthel, der sich albernerweise Kuba nannte, nach der Niederschlagung des Aufstandes veröffentlichte. Kuba meinte strafend, durch solche Ereignisse wie am 17. Juni habe sich das Volk das Vertrauen der Regierung verscherzt. Da sei etwas gutzumachen.

Das Spottgedicht Brechts, womit er darauf antwortete, ist wohlbekannt. Brecht übernahm scheinbar diesen Vorwurf des Genossen Kuba, indem er vorschlug: Unter solchen Umständen sei es die einfachste Aufgabe der Regierung, das Volk aufzulösen und sich ein neues zu wählen.

Übrigens hatte es am 17. Juni selbst einen merkwürdigen Kontakt zwischen Kuba und Brecht gegeben. Brecht probierte, wie alle Tage, das Stück *Katzgraben* von Erwin Strittmatter. Ein Zeitstück über die Bodenreform in der DDR. Strittmatter war jener Mann in der Lederjacke in Brechts Begleitung, den man ein Jahr später in Amsterdam für einen Stasi-Bewacher hielt.

Während die Aufständischen durch die Straßen Ostberlins zogen, rief Kuba an aus dem Gebäude des Schriftstellerverbandes. Er schien zu befürchten, daß die Revolte auch den Schriftstellerverband bedrohen könnte. Brecht solle herüberkommen und mit seiner persönlichen Autorität, die man ihm jetzt wirklich zugestand, mit den Arbeitern sprechen.

Einige Tage nach dem 17. Juni war ich in Berlin mit Brecht beisammen. Lachend erzählte er mir von dem Anruf. Er habe ihm am Telefon folgendes erwidert: »Lieber Kuba, Ihre Leser werden Sie schon selbst empfangen müssen.«

Nach dem 17. Juni, es waren jetzt wenige Monate vergangen seit Stalins Tod, weshalb noch viel Unklarheit herrschte über die zukünftigen Ereignisse im Kreml, machte die Regierung der DDR ernsthafte Anstrengungen, den in Brechts Tagebuch beschriebenen Riß zwischen Volk und Regierung zu beseitigen. Schluß mit der staatlichen Kunstkommission. Gegründet wird ein Ministerium für Kultur. Der erste Minister heißt Johannes R. Becher, der bisherige Präsident des Kulturbundes. Zwischen Brecht und Becher herrscht Übereinstimmung in dem Bestreben, die stalinistische Kulturpolitik zu beseitigen, den Besserwissern das Handwerk zu legen, offene Diskussionen ohne Zensur zu führen.

In dem zweiten Spottgedicht, das man nachlesen

kann, hat Brecht geschildert, wie man, auf seinen eigenen Vorschlag hin, die Mitglieder jener Staatlichen Kunstkommission einlud zum offenen Gespräch mit den Mitgliedern der Akademie der Künste. Die Veranstaltung kam zustande. Man wies Girnus und Genossen die schlimmen Anmaßungen nach. Doch sonderbar: für alle Torheiten und Verbote fanden die Befragten stets mildernde Umstände. Da war etwas schiefgegangen. Doch es sei eigentlich kein Fehler gewesen usw. In Brechts Gedicht »konnten sie sich an bestimmte Fehler durchaus nicht erinnern«. Allein, man hatte es mit geschulten Parteifunktionären zu tun, die wußten, daß von ihnen »Selbstkritik« erwartet wurde. Also beharrten sie auf der Bereitschaft, eine solche Selbstkritik zu üben. Doch im Sinne des Liedes der Polly aus der *Dreigroschenoper*: »Da behielt ich den Kopf oben und ich blieb ganz allgemein.« Sie beharrten, die Leute von der Kunstkommission, heftig darauf, Fehler gemacht zu haben. »Wie es der Brauch ist.« Mit diesem Hohnwort schließt Brecht jenes Gedicht aus der Nachfolge des 17. Juni.

Zehn Jahre nach dem Tode von Brecht, 1966, arbeitet der Schriftsteller Günter Grass an einem Theaterstück, das vom 17. Juni handeln soll, und von Brecht inmitten der Wirren dieses Tages. *Die Plebejer proben den Aufstand. Ein deutsches Trauerspiel in vier Akten.*
Der Untertitel ist vieldeutig. Was ist gemeint? Das Wort »Trauerspiel« ist heutzutage ebenso entwertet

und in Banalität verwandelt worden wie andere ehemals bedeutungsvolle Wörter des deutschen Klassizismus: Würde, Ehrfurcht, Trauer. Durchaus alltäglich wirkt ein Sportbericht, worin es heißen könnte: »Das Spiel unserer Nationalmannschaft war ein deutsches Trauerspiel.« In diesem banalen Sinne hatte es Günter Grass sicher nicht verstehen wollen. Denn er schrieb hier etwas mit von dieser modernen Banalisierung.

Alles hängt ab vom Urteil des nachlebenden Betrachters. War der 17. Juni 1953, den man später im westlichen Deutschland gleichsam zu einem staatlichen Trauertag erhöhte, wirklich so etwas wie ein »deutsches Trauerspiel«?

Die andere Lesart des Untertitels erinnert an Walter Benjamins berühmtes Buch *Der Ursprung des deutschen Trauerspiels*, eine Habilitationsschrift, welche von der Frankfurter Universität abgelehnt worden war. Benjamin unterschied zwischen der »Tragédie« des französischen Klassizismus und einer eigenständigen deutschen Bühnentradition eines Trauerspiels nach dem Vorbild von Gryphius und Lohenstein.

Auch eine solche Rückbeziehung auf Walter Benjamin wird durch den Bühnentext von Günter Grass nicht gerechtfertigt. Grass schrieb keine Haupt- und Staatsaktion im Sinne der Barocktradition. Das Geschehen bei ihm ist Bühnengeschehen im doppelten Sinne. Geprobt werden soll unter Leitung eines Spielleiters mit der Bezeichnung »der Chef« das Römerdrama *Coriolanus* von William Shakespeare.

Nun dringen Aufständische des 17. Juni ein ins Theater und bitten den »Chef«, also Brecht nach der Vorstellung von Grass, sich mit ihnen zu solidarisieren. Die Eindringlinge werden beköstigt und gebeten, gemeinsam mit den Bühnenplebejern bei Shakespeare an der Probe teilzunehmen.

Im Sinne der Brecht-Tradition hat auch Grass ein Parabelstück schreiben wollen. Ganz wie Shakespeare (und Brecht) vermischt er die Alltagsprosa mit dem Blankvers. Bei Shakespeare ist die Trennung von Vers und Prosa durchaus gesellschaftlich fixiert. Die Tragödien und Komödien der Adelswelt werden poetisch abgehandelt. Dagegen stemmt sich bei Shakespeare eine erfrischend derbe, plebejische Prosa. In der künstlichen Welt jedoch der Theaterwirklichkeit, die Grass bewußt entworfen hat, werden solche soziologischen Unterscheidungen zwischen Versprunk und Alltagsprosa notwendigerweise sinnlos.

Zuerst hatte der Chef, erfreut über den Einbruch der Wirklichkeit in die Bühnenwelt, in Versform formuliert:

> Das nenn ich Klassenkampf! Plebejer und Proleten sind wilde Ehe eingegangen.

Am Schluß jedoch spricht der Chef gleichsam ein abschließendes Urteil über sich und das Geschehen in seinem Amalgam aus Spiel und Wirklichkeit:

> Fortan dahinleben mit Stimmen im Ohr: Du. Du.

Ich sag Dir, du. Weißt du, was du bist? Du bist, du, du bist... Unwissende. Ihr Unwissenden! Schuldbewußt klag ich euch an.

Vergleicht man dieses Bühnenstück jedoch mit jener klaren Tagebuchaufzeichnung Brechts vom 20. August, so wird der Abstand zwischen dem Bühnenkonzept von Grass aus dem Jahre 1966 und dem Wirklichkeitskonzept des Tagebuchschreibers vom August 1953 offensichtlich. Das macht: Günter Grass hat sich niemals zu einem marxistischen Denken verstehen wollen. Brecht blieb stets ein Dialektiker.

XI. Theaterarbeit

Sein Wirken für die Schaubühne hat Brecht stets im Wortsinne als Theaterarbeit verstanden. Ihm war seit früher Jugend, vor allem infolge der tiefen Abneigung gegen alles Künstlergetue der Expressionisten, der Kunstbegriff fremd, fast verächtlich gewesen. Zwar nahm er in Ostberlin die Einladung an, einer Akademie der Künste beizutreten, in der Nachfolge jener einstigen Preußischen Akademie der Künste. Allein, gerade dort versuchte Brecht, seinen Arbeitsbegriff auch bei den Akademiekollegen durchzusetzen. Jenseits seines Wirkens für das Berliner Ensemble hat Brecht in den letzten Lebensjahren keine öffentliche Tätigkeit so ernst genommen wie diese Mitgliedschaft in der Akademie. Der Grund dafür ist in Brechts tiefer Überzeugung zu finden, daß alles Tun wirklicher Künstler mit dem Oberbegriff der Arbeit zu tun habe. Das wurde mir plötzlich klar, als mich Brecht Anfang der fünfziger Jahre bei einem Besuch bat, einige Gedichte anzuhören, die er vor kurzem geschrieben habe. Es waren die seither berühmt gewordenen *Kinderlieder*. Ich durfte sie als einer der ersten anhören. Bezeichnend auch für die Konstellation, daß er gerade mir diese Texte vorlesen wollte. Also nicht den Kindern, sondern dem abgefeimten Literaten.

Zu diesen vorgelesenen Gedichten gehörte jenes von den Kindern, die vor Beginn der Kälte den Tieren, vor allem den nützlichen Vögeln, eine Körnerration

bewilligen. Es meldet sich auch die Amsel. Auch sie
erhält ihr Korn von den Kindern.

1

Ich bin der Sperling
Kinder, ich bin am Ende.
Und ich rief euch immer im vergangnen Jahr
Wenn der Rabe wieder im Salatbeet war.
Bitte um eine kleine Spende.
Sperling, komm nach vorn.
Sperling, hier ist dein Korn.
Und besten Dank für die Arbeit!

2

Ich bin der Buntspecht.
Kinder, ich bin am Ende.
Und ich hämmere die ganze Sommerzeit
All das Ungeziefer schaffe ich beiseit.
Bitte um eine kleine Spende.
Buntspecht, komm nach vurn.
Buntspecht, hier ist dein Wurm.
Und besten Dank für die Arbeit!

3

Ich bin die Amsel.
Kinder, ich bin am Ende.
Und ich war es, die den ganzen Sommer lang
Früh im Dämmergrau in Nachbars Garten sang.
Bitte um eine kleine Spende.
Amsel, komm nach vorn.
Amsel, hier ist dein Korn.
Und besten Dank für die Arbeit!

Als er dieses Gedicht vorgetragen hatte, sagte ich: »Dies ist ein Gedicht über die Notwendigkeit der Kunst.« Brecht stimmte lachend zu. Es war natürlich auch ein Gegengewicht zu der berühmten und bösen Fabel La Fontaines über die Grille und die Ameise. Die Ameise hat haushälterisch für den Winter vorgesorgt. Die Grille kommt als Bettlerin. Was sie denn an Vorsorge geleistet habe während des Sommers? Sie habe gesungen. Dann möge sie jetzt tanzen, meinte die Ameise und machte die Tür zu.

Gemäß den Grundsätzen des 1948 in Zürich entworfenen *Kleinen Organon für das Theater* sollte das nun verwirklichte Brecht-Theater drei neue Theaterformen entwickeln: die neue Dramaturgie, die neue Schauspielkunst, die neue Zuschaukunst. Weil alles hier untrennbar mit allem zusammenhing, war es für Brecht besonders wichtig, daß alles Geleistete auch dokumentiert und damit als Lehrmaterial weitergereicht werden konnte. Brecht wollte kein »Künstler« sein. Bei einer Tagung in Westberlin, die Johannes R. Becher organisiert hatte, um mit den Westlern über Kulturpolitik zu sprechen, war Brecht mitgefahren, um mitzudiskutieren. Auf eine Frage aus dem Publikum antwortete Becher und sagte: »Ich als Dichter sage dazu...«. Man spürte, wie Brecht innerlich zusammenzuckte. Er wollte auch kein Dichter sein, wohl aber ein Lehrer.
Der Band *Theaterarbeit*, den Claus Hubalek, damals einer der Dramaturgen des Berliner Ensembles, nach den ersten Jahren dieser neuen Bühne mit Ruth Ber-

lau und anderen herausgab, vermittelt besser als alles Spätere die Einsicht in Brechts damalige Theaterarbeit zunächst noch auf der Bühne des Deutschen Theaters und mit Hilfe einer in dessen Nähe errichteten Probebühne. Natürlich wollte Brecht einige seiner im Exil entstandenen Stücke hier in authentischer Weise vorstellen. Keinen seiner Bühnentexte hielt er für abgeschlossen, bevor er nicht die Bühnenprobe bestanden hatte. Was niemals ohne wesentliche Textänderungen und dramaturgische Eingriffe abging. Das Stück entstand erst auf den Proben, und dann bei seiner Bewährung als Theaterstück. Den von der Germanistik überlieferten Begriff eines »Lesedramas« hielt dieser Stückeschreiber für Unsinn. An dem Band *Theaterarbeit* habe auch ich mitgearbeitet. Da wir beide die große Schauspielerin Therese Giehse bewunderten, lud er mich ein, ein kleines Porträt zu entwerfen, zumal ich Therese Giehse gut kennengelernt hatte während unserer gemeinsamen Exilzeit in Zürich. Auch Brecht selbst schrieb dann noch ein eigenes Porträt dieser Volksschauspielerin aus München, die von so vielen Menschen und Bewunderern bei ihrer Rückkehr in die Münchener Kammerspiele als Inbegriff einer bayrischen Frau verehrt werden sollte. Therese Giehse war eine Jüdin aus Hechingen.

Therese Giehse war dann auch die Titelheldin in der zweiten Premiere des Berliner Ensembles nach dem erfolgreichen Beginn mit der *Mutter Courage*. *Wassa Schelesnowa* von Maxim Gorki. Eine wunderbare Inszenierung des österreichischen Dichters und Theatermanns Berthold Viertel, eines vertrauten Schülers von Karl Kraus. Danach debütierte Leonard Steckel vom Züricher Schauspielhaus, damals der erste Galilei und der erste Herr Puntila, in der Rolle jenes Grundbesitzers und Ausbeuters, der so verständnisvoll und herzlich sein kann im Suff, und so unerbittlich in den seltenen Augenblicken der Nüchternheit. Ein Parabelstück über das Hegel-Thema der Herrschaft und der Knechtschaft. Bei Hegel in der *Phänomenologie des Geistes* in die Formel gefaßt: Der Knecht ist die Wahrheit des Herrn.

Die wichtigste Dramaturgin des Berliner Ensembles aber war Elisabeth Hauptmann. Sie war, genau wie die Großfamilie Brecht, im amerikanischen Exil gewesen und hatte in den langen Jahren, dank ihrer außerordentlichen literarischen und historischen Bildung, stets Ausschau gehalten nach wichtigen, doch vergessenen Stücken der Weltdramatik, die man, just mit Hilfe der episch-dialektischen Arbeitsweise, von neuem virulent machen könnte.

Kam auch von Elisabeth Hauptmann die Anregung, ein ganz vergessenes Stück aus dem deutschen Sturm und Drang, einen Text also von Jakob Michael Reinhold Lenz, in solcher Weise zu beleben? *Der Hofmeister oder Vortheile der Privaterziehung.* Daraus machten Brecht und der für ihn unentbehrliche Spielleiter Erich Engel eine der schönsten Aufführungen dieser Frühzeit des Brecht-Theaters. Bühnenbilder von Caspar Neher. Brecht war es bereits gelungen, eine Reihe seiner jungen Schauspieler einsetzen zu können. Er hatte keinen einzigen Staatsschauspieler haben wollen, so konnte er in den Proben lustvoll und heiter experimentieren.

Es ging bei Lenz in der deutschen Adelswelt kurz vor Ausbruch der Französischen Revolution um die Durchsetzung einer allgemeinen Volksbildung nach dem Muster des Schweizer Pestalozzi. Der Titel, der die »Vortheile der Privaterziehung« zu rühmen schien, war von Lenz als wahrer Hohn formuliert. In der Komödie ist der Geheimrat von Berg ein adliger Aufklärer, der dieses aristokratische Dilettieren mit einer Adelserziehung durch lakaienhafte Hofmeister von bürgerlicher Abkunft für dumm und schädlich hält. Der Stückverlauf bei Lenz gibt ihm recht.

Eine Komödie also der deutschen Aufklärung aus dem Geist des Rousseauismus. Das aristokratische Laster und die bürgerliche Tugend.

Daraus machte nun Brecht eine Negation der Negationen. Er negierte gleichzeitig in seiner Bearbeitung die ostpreußische Adelsmisere des Majors von Berg und das aufklärerische Geschwätz seines geheimrätlichen Bruders. Aus der ostpreußischen macht Brecht, wie sein Epilog verkündet, ein *ABC der Teutschen Misere*.

Die deutsche bürgerliche Erziehungspraxis und ihre Auswirkung bei der Ausbildung eines Untertanentyps, dem alles zugemutet werden konnte. Auch die blinde Verehrung eines aus Österreich als Retter herbeieilenden Wanderredners ... Brecht hatte mich gebeten, also einen Experten für deutsche Literaturgeschichte der bürgerlichen Aufklärung, vor Beginn der Proben vor dem Ensemble einen Vortrag zu halten. Daraus wurden dann zwei Vorträge vor dem Berliner Ensemble unter der Leitung von Brecht. Er hatte auch wichtige Pädagogen aus Ostberlin zu den Debatten eingeladen. Immer noch denke ich mit Begeisterung an jene Diskussionen zurück. Brecht und Erich Engel, auch der Dramatiker Günther Weisenborn, waren anwesend, Eisler und Dessau, die Weigel und die Giehse. Dazu die vielen jungen Mitwirkenden auf der Bühne oder bei der Inszenierung. Benno Besson spielte eine der Hauptrollen. Den Hofmeister hatte sich Brecht aus der Schweiz geholt: Hans Gaugler hatte 1948 in Chur in Graubünden den Kreon gespielt in Brechts Bearbeitung der *Antigone*.

Noch ein weiteres Mal bat mich Brecht später um einen einleitenden Vortrag vor dem Ensemble. Abermals deutscher Sturm und Drang, wiederum Kritik an der bürgerlichen Aufklärung. *Faust in ursprünglicher Gestalt.* Unter diesem Titel hatte der Entdecker einer Abschrift des ursprünglichen und von Goethe vernichteten Fragments, der Berliner Germanist Erich Schmidt, seinen Fund ediert. Der *Urfaust* also.
Warum jedoch, so fragte ich mich bereits damals, wollte Brecht seine Vorstellung vom Ideal eines »faustischen Deutschen« (Oswald Spengler) unter allen Umständen auf seiner Bühne verwirklichen? Die Parallelaktion zu Hanns Eislers Beschäftigung mit dem *Faust*-Stoff ist unverkennbar. Folgerichti-

gerweise wurde dann auch jene Inszenierung des *Urfaust*, für welche Brechts Lieblingsregisseur Egon Monk verantwortlich zeichnete, nach der Premiere von allen wichtigen Kritikern, nicht zuletzt natürlich von jenem Wilhelm Girnus, verrissen. Heute würde ich meinen, daß Brecht in solchem Tun, das sich bereits in seiner Konzeption des Galilei gezeigt hatte und das er, auf dem Wege über den *Urfaust*, mit hineinnahm in seine Arbeit über *Turandot oder Der Kongreß der Weißwäscher*, einem tiefen Mißtrauen gegenüber dem Tun bürgerlicher Intellektueller entsprach.

War so etwas wie Selbsthaß dabei im Spiel? Nicht einmal dies möchte ich ausschließen. Einem seiner Exilgedichte gab Brecht die Überschrift *Verjagt mit gutem Grund*. Scheinbar ist diese Formulierung eine Bestätigung, als Renegat der bürgerlichen Gesellschaft, die ihn von sich stieß, richtig gehandelt zu haben. Doch Brecht schien auch an diesem richtigen Handeln nachträglich zu zweifeln. In seinem frühen Gedicht über den »armen B. B.« hatte er bereits einigen seiner Frauen erklärt, in ihm hätten sie einen, dem nicht zu trauen sei.

War es überhaupt möglich, als ein Bürgerkind mit der proletarischen Klasse eins zu werden? Diese Sorge ließ ihn nicht los. Seine Negierung des Faust schlechthin, also nicht allein des Goethe-Faust, läßt es vermuten.

Da ich diesen bürgerlichen Selbsthaß wohl nicht teilen konnte, sah ich keinen Grund, auch den Goetheschen ursprünglichen Faust auf der Bühne als Scharlatan hinzustellen. Dagegen stand die Sprache des *Urfaust*, dagegen standen die schneidend klaren Erkenntnisse des jungen Goethe, der sich hier noch, in einem frühen Stadium der Arbeit, mit seinem Faust zu identifizieren schien.

In diesem Sinne sprach ich dann vor dem Berliner Ensemble. Brecht präsidierte abermals. Ich wandte mich gegen die geschmäcklerische Mode, dieses Fragment aufzuführen, statt den *Faust I* zu spielen. Brecht hielt dann aus dem Stegreif ein knappes Koreferat. Alle Argumente von Hans Mayer bezeichnete er als schlüssig. Schlüssig jedoch für den Plan, den *Urfaust* zu spielen und nicht den *Faust I*. Wir lachten alle. Es war evident, daß er an diesem Plan festhielt und im Grunde für sich durch meine Einwände bestärkt wurde. Außerdem hatte er sich bereits als Theatermann entschieden. Der Urfaust wurde mit einem Schauspieler aus Westberlin besetzt, der nun wahrlich nicht taugte als »positiver Held«. Außerdem wollte Brecht seine Schauspielerin Käthe Reichel als Gretchen sehen. Als ein zänkisches und emanzipiertes Gretchen. Ich habe dann einmal auch bei einer Probe zugeschaut. Mit seinem Spielleiter Monk arbeitete Brecht selbst sehr sorgfältig zusammen. Brecht schwelgte in solchem Probieren. Einmal hatte ich einer Probe zur *Mutter Courage* zugeschaut, die notwendig geworden war durch eine Umbesetzung. In der erfolgreichen Inszenierung sollte Ernst Busch die Rolle des Kochs übernehmen. Die wollte er auch gerne spielen, denn der Koch war angeblich ein Holländer. Der Emigrant Ernst Busch aber hatte einen Teil des Exils bei den Niederländern zugebracht. So spielte er den Koch mit holländischem Akzent. Bei jener Probe wurde vor allem anprobiert. Es ging um die Mütze des Kochs. Anwesend war neben Brecht und Erich Engel auch der Kostümbildner Kurt Palm von der Staatsoper Unter den Linden, der übrigens auch von Wieland und Wolfgang Wagner nach Bayreuth geholt worden war. Nun probierte man Mützen an. Mützen mit entsprechender Beleuchtung: nach einer halben Stunde bin ich weggegangen.

XII. Tod zur Unzeit

Den Zeitraum zwischen der Niederwerfung der Revolte vom 17. Juni 1953 durch sowjetische Panzer und der Niederwerfung des ungarischen Aufstandes vom Herbst 1956 durch sowjetische Panzer pflegt man herkömmlicherweise als »Tauwetter« zu kennzeichnen. Das war der Titel gewesen eines mittelmäßigen russischen Romans von Ilja Ehrenburg. Von heute her gesehen erging es der Bezeichnung »Tauwetter« nicht viel anders als – dreißig Jahre später – den Losungen Glasnost und Perestroika. Als vorläufiger Schluß läßt sich im letzten Jahrzehnt des Jahrhunderts feststellen, daß alle drei Versuche scheiterten oder auch verspielt wurden.

Dennoch waren das drei Hoffnungsjahre. Der Leipziger Historiker Walter Markov, einer der besten Kenner der französischen Revolutionsgeschichte, hat in seinen späten Erinnerungen aus den achtziger Jahren viele Beispiele angeführt für die ernsthaften Bemühungen, diesen deutschen Alternativstaat mehr und mehr unabhängig zu machen von der sowjetischen Vorherrschaft und vor allem die allgemein als unerträglich empfundene Hypothek zu beseitigen, die ein Staatspräsident mit Namen Walter Ulbricht nun einmal darstellte. Auch der damals noch mächtige Mann im Kreml, N. S. Chruschtschow, muß es ähnlich gesehen haben. Als Chruschtschow einen Staatsbesuch machte und nach Leipzig kam, wurde ich zu einem Abendessen im großen Rathaussaal eingeladen. Wir saßen an kleinen Tischen und durften die Nomenklatur bewundern, die an einer langen Tafel vor uns Platz genommen hatte. Da saßen sie nebeneinander: Ulbricht, Gromyko, Chruschtschow. Sehr freundschaftlich schien es nicht zwischen ihnen zuzugehen. Allein, die Sprachregelung von oben ordnete an, daß man statt »die Russen« natürlich »die Freunde« zu sagen hätte. Da sprach man lieber gar nicht darüber. Eine andere Sprachregelung verlangte übrigens, daß man die sowjetische oder zuständige deutsche Geheimpolizei nicht mit ihrer Amtsbezeichnung erwähnen solle. Da sprach man, gleichsam raunend, von den »zuständigen Organen«.

Man hat damals, zwischen 1954 und 1956, systematisch zweierlei versucht in der DDR. Einmal eine Kulturpolitik durchzusetzen, die sich von allen Untaten und Dummheiten sowohl des Stalinismus wie jener Staatlichen Kunstkommission freizumachen gedachte. Nicht nur einige Mitglieder im Politbüro selbst betreiben den Sturz Walter Ulbrichts, was er genau wußte, sondern auch die von ihm entmachteten früheren Parteiführer wirkten mit bei diesem Vorhaben: allen voran Ulbrichts einstiger getreuer Partner und nunmehriger Todfeind Franz Dahlem.

In jener Epoche des sogenannten Tauwetters stellte sich heraus, daß der Leiter des nach dem 17. Juni gegründeten Ministeriums für Kultur, also Johannes R. Becher, ein Glücksfall war. Dieser widerspruchs-

volle und hochbegabte Schriftsteller hatte das sowjetische Exil überlebt, allein, er hatte keine seiner Ängste von damals vergessen. Bedenkenlos schrieb er Verse wie »Dank euch, ihr Sowjetsoldaten...«, doch im vertrauten Kreise brachen sie immer wieder heraus, Gefühle aus Angst und Haß. Insgeheim war Becher, wie sich in seinem schweren, langsamen Sterben herausstellte, beides geblieben: ein katholischer Bayer und deutscher Patriot. Er hatte es im August 1948 abgelehnt, als Leiter einer deutschen Künstler- und Schriftstellerdelegation zu jenem großen Kongreß der Intellektuellen nach Breslau zu fahren, das jetzt Wrocław hieß. Becher wollte für sich die Grenze zwischen Oder und Neiße nicht anerkennen.
Der Kulturminister Johannes R. Becher organisierte 1954 und 1955 einige hoch besetzte und sehr öffentlich angekündigte Konferenzen. Über Probleme der Gesellschaftskritik. Neben der rituellen Selbstkritik, die von oben nach unten funktionierte, sollte nunmehr eine Kritik von unten nach oben erprobt werden.
In diesem Sinne verstand Becher seine Einladung zu einer »Kritikerkonferenz«, die er klugerweise im Hause der Akademie der Wissenschaften stattfinden ließ. Also nicht in der Akademie der Künste. Mich hat er gebeten, das Hauptreferat über *Kritiker und Kritik* zu halten. Eine Fotografie zeigt uns nebeneinandersitzend am Tisch des Präsidiums. Der Präsident der Akademie der Wissenschaften, der Generalsekretär des Kulturbundes, jener unvermeidliche

Parteifunktionär, der sich Alexander Abusch nannte, den Becher später nur noch, in seiner letzten Zeit, als den »Verräter« bezeichnen sollte. In der Mitte Johannes R. Becher als Vorsitzender. Neben ihm saß Brecht, neben Brecht hatte ich Platz genommen als Referent.

Viel ist nicht herausgekommen damals, bei jener Kritikerkonferenz. Das hatten wir alle von vornherein gewußt. Mein Referat war historisch gehalten: Wandlungen der Begriffe von Kritiker und Kritik seit der deutschen Romantik, seit den Erfahrungen der Weimarer Republik, seit dem neuen Phänomen eines Propagandaministeriums, seit den kontrastierenden Sprachregelungen in den beiden deutschen Staaten. Vorsichtig hatte ich in mein Referat als für mich wichtigste Aufgabe die Entzauberung der Stalinschen Ästhetik eingebaut. Ich legte mich ausdrücklich mit Stalin an und seinen oft nachgeplapperten Behauptungen, die Schriftsteller seien »Ingenieure der menschlichen Seele«. In behutsamen Formulierungen versuchte ich zu zeigen, wie unsinnig nicht allein, sondern wie erniedrigend eine solche These sei. Sie enthalte die Negierung der schöpferischen Freiheit des Künstlers und mache den Schriftsteller zum Auftragsempfänger.

Soweit ich mich erinnere, griff keiner der Diskussionsredner dies Thema auf. Man war keineswegs sicher, daß nicht Stalin aufstehen würde aus dem gläsernen Sarg, um wieder die Macht zu übernehmen. Einige gar nicht unbegabte Schriftsteller benutzten diese Kritikerkonferenz, um abermals Wohlverhalten dort zu demonstrieren, wo es im Grunde gar nicht gewünscht wurde. Jene Fotografie zeigt Brecht, während unsichtbar, jenseits des rechten Randes der Fotografie, ein Redner in solcher Weise vortrug. Brecht muß damals einen leisen Zwischenruf gemacht haben, den ich lachend neben ihm hören konnte. Ich glaube auch zu wissen, wer damals, neben dem rechten Rand der Fotografie, gesprochen hat.

Ein Jahr später lud der Kulturminister Becher zu einer Literaturkonferenz ins Haus des Kulturbundes in der Berliner Jägerstraße. Abermals hatte er mich gebeten, das einleitende Referat zu halten. Mir war klar geworden, daß ein einziger Tag nicht ausreichen würde. Darum hatte ich meinen Vortrag zweigeteilt, um einen zweiten Tagungstag durchzusetzen. Erster Teil über Literaturwissenschaft und Literaturkritik in der DDR. Zweiter Teil als Standortbestimmung der DDR-Literatur. Mit meinem Plan hatte ich Erfolg. Ich trug zunächst den ersten Teil des Referats vor, um es sogleich zur Diskussion zu stellen. Daraus wurde sofort ein Beschluß zur Vertagung des zweiten Teils auf einen ein paar Tage später stattfindenden Termin an gleicher Stelle.
Diese beiden Debatten wurden sehr ausführlich in der Wochenzeitung des Kulturbundes reflektiert und rezensiert, also in jenem *Sonntag*, dessen Redakteure im Herbst 1956 von der Staatspolizei abgeholt und zu hohen Zuchthausstrafen verurteilt werden

sollten. Da war es mit dem Tauwetter längst vorbei.

Ich sehe die Konstellation noch genau vor mir. Damals saß ich neben Becher. Brecht war krank und hatte sich entschuldigen lassen. Mir gegenüber am Tisch saß Wolfgang Harich, rechts von mir hatte Alfred Kurella Platz genommen, der ideologische Vertrauensmann Walter Ulbrichts und offenbar hoher Funktionär des sowjetischen Geheimdienstes. Diese Funktion war durchaus kein Geheimnis. Kurella war aus der Sowjetunion mit großer Verspätung nach Deutschland zurückgekehrt. Als ich Becher nach den Gründen für diese Verzögerung fragte, bekam ich zur Antwort: »Das ist bei solchen Funktionären üblich.« Da wußte ich Bescheid.

Kurella war auch der einzige, der sich an beiden Tagen der Debatte scharf gegen meine Gedanken und Thesen wandte. Er allein vertrat die reine Lehre. Nicht einmal Abusch stand ihm bei. Diesmal ging ich vielleicht weiter als damals bei der Kritikerkonferenz. Hatte ich mich in der Akademie der Wissenschaften angelegt mit einer richtungweisenden These des großen Stalin, so polemisierte ich diesmal gegen Walter Ulbrichts Rede auf dem letzten Kongreß des Schriftstellerverbandes (oder war es eine Kulturbundkonferenz gewesen?). Ich hatte dort nicht teilgenommen, aber Ulbrichts wie immer richtungweisende Ausführungen natürlich genau gelesen. Die zitierte ich nun und versah sie mit kritischen Anmerkungen.

Jetzt wurde es sehr kalt im Raum, trotz des sonnigen

Frühjahrswetters. Eisiges Schweigen. Eine historische Anekdote aus dem Jahre 1848 will wissen, daß der etwas einfältige österreichische Kaiser Ferdinand bei der Nachricht vom Barrikadenbau in Wien erstaunt gefragt habe: »Ja, dürfen sie denn das?«
Nach der Niederschlagung des ungarischen Aufstandes stellte sich heraus, daß Ulbricht abermals, wie nach dem 17. Juni 1953, gesiegt hatte. Nun konnten Rechnungen beglichen werden. Das Weitere ist bekannt. Seit dem Jahresende 1956 und der Verhaftung der Redakteure, auch Wolfgang Harichs, auch Walter Jankas, holten Kurella und seine Gefolgsleute alles nach, was sie damals, nach der Kritikerkonferenz und der Literaturkonferenz nicht hatten äußern können und wollen.

Dies war Bertolt Brechts letzte Lebenszeit. Das Berliner Ensemble war eine gesicherte Institution geworden, man hatte nun endlich auch das Haus am Schiffbauerdamm zur Verfügung. Nun konnte ausgiebig probiert werden. Als das Publikum zur angekündigten Premiere des Schauspiels *Der kaukasische Kreidekreis* sich einfand, sahen sie den Stückeschreiber Brecht vor der Eingangstür, der ihnen mit ausgebreiteten Armen den Eintritt verwehrte. Man sei mit den Proben nicht fertig geworden. Auf ein anderes Mal, bitte. Bald darauf kam es zu einer erfolgreichen Premiere. Ernst Busch in meisterlicher Form als Bänkelsänger und gleichzeitig in der Rolle des ungerecht-gerechten plebejischen Richters Azdak. In den frühen fünfziger Jahren hatte ich mit Brecht über den *Kaukasischen Kreidekreis* gesprochen, den er ausdrücklich als einziges Theaterstück in jenem berühmten Sonderheft der Zeitschrift *Sinn und Form* hatte abdrucken lassen. Da wird, nach dem Vorbild der chinesischen Geschichte vom Kreidekreis, einer schlechten fürstlichen Mutter das leibliche Kind vorenthalten und der fürsorglichen plebejischen Ziehmutter zugesprochen. Brecht sagte mir damals, zu meiner Verwunderung, dies Stück sei »mein Beitrag zur Frage der Oder-Neiße-Grenze«. Das Kind soll von jenen aufgezogen werden, die es am besten erziehen können. Hat er wirklich auch später noch an diesem abstrakten Grundgedanken, der vielleicht noch im kalifornischen Exil denkbar gewesen war, festgehalten? Daß nämlich ein polnisches Schlesien besser sei als ein deutsches?

Man hat viel darüber geschrieben und auch schadenfroh gespottet, daß Brecht in Ostberlin zwar eine große Theaterarbeit vollbrachte, jedoch als Stückeschreiber nur eine wenig geglückte Komödie geschrieben habe: *Turandot oder Der Kongreß der Weißwäscher*. Während der Arbeit an dieser Komödie, die er nicht aussetzte neben den vielen Theaterarbeiten, die er im Zusammenhang mit dem gesamten Spielplan des Ensembles verrichten mußte, erzählte er mir einmal den Grundeinfall seiner *Turandot*-Geschichte. In China herrsche Hungersnot, und der Kaiser mache eine Ausschreibung zu einer Wissenschaftskonferenz. Die Fachleute sollten bera-

ten, wie man der Krise beikommen könne. Nun hängt über den Beratungen auf der Szene ein riesiger Brotkorb. Wenn die Wirtschaftswissenschaftler schwafeln über Mondphasen, Klimaeinflüsse usw., senkt sich der Brotkorb herab. Sie dürfen zugreifen. Wenn sie unglücklicherweise marxistische Krisentheorie vortragen, hebt sich der Brotkorb unerreichbar nach oben.
Brecht lachte herzlich, als er das erzählte. Es war offensichtlich, daß er damit nicht nur seinen Haß gegen die Intellektuellen abermals aus sich herausließ, also gegen die sogenannten Tuis, sondern daß er an spezifische Adressaten der Weißwäscherei erinnern wollte. Nämlich seine kalifornischen Exilkollegen vom Frankfurter Institut für Sozialforschung. Horkheimer, Pollock, Adorno. Mit ihnen hatte er sich bereits als Erzähler im Entwurf eines *Tuiromans* angelegt.
Wer heute den Text der *Turandot*-Komödie liest, findet diese Brotkorbsymbolik nur noch als Randproblem vor. Zu viele Besserwisser haben, wie ich meine, dem Stückeschreiber hineingeredet in seinen Entwurf. Es kam hinein eine Neuauflage der Geschichte vom Führer-Scharlatan Arturo Ui.
Sein letztes Lebensjahr hat Brecht immer kränkelnd verbracht. Im April 1956 war er so ernstlich erkrankt, daß sein Verleger und Freund Peter Suhrkamp Nachrichten herausgeben mußte über Brechts Gesundheitszustand. Dann erholte er sich wieder und nahm die Proben zu *Galilei* wieder auf. Nach langem Suchen hatte er sich entschlossen, die Titel-

rolle durch Ernst Busch spielen zu lassen. Ich war etwas erstaunt über diesen Besetzungsvorschlag. Brecht sagte: »Von allen mir bekannten Schauspielern ist Busch der einzige, dem man Genie glaubt.«

Im Mai oder Juni 1956 rief er mich in Leipzig an, schlug einen Besuch vor. Ich stand aber mitten in der Semesterarbeit und schaute auf einen gewaltigen Stapel von Prüfungsarbeiten, die gelesen und zensiert werden mußten. Ich schlug ein Wiedersehen vor nach den Ferien. Er war damit einverstanden. Aber da war er bereits tot.

In meinen Erinnerungen *Ein Deutscher auf Widerruf* (1984) habe ich berichtet, wie ich die Todesnachricht erfuhr und was sich zutrug bei der Totenfeier. Das soll hier als Zitat wiederholt werden:

Die Nachricht von seinem Tod am 14. August 1956 war schrecklich. Mich traf sie in den Ferien, irgendwo im Spessart. Man hörte die Abendnachrichten. Ich reiste am nächsten Morgen nach Frankfurt, flog nach Berlin. Schon wieder die Trägheit des Herzens. Auch diese Beziehung hatte ich schließlich hinsiechen lassen, obwohl sie mir so viel bedeutete. Im Mai war Brecht im Krankenhaus gewesen: eine Virusgrippe, wie man erklärte. Ich hatte mich nach ihm erkundigt, irgendwann im Juni rief er in Leipzig an: aus Buckow. Er deutete an, daß er mich gern dort sehen möchte, sagte aber nicht, was zu bereden sei. Vielleicht gar nichts, nur eben die Verbindung wieder herstellen. Ich hatte damals irgendeine »Westreise« im Sinn, es war wohl ein Vortrag in Paris zu halten, weshalb ich vorschlug, man solle sich im Herbst wiedersehen. Brecht stimmte zu, sagte nichts weiter.

Nun war er tot. Beigesetzt wurde er am 17. August eben dort, wo er hatte liegen wollen. Alles Ritual hatte er selbst angeordnet, den Metallsarg betreffend, der eilends herzustellen war, dazu die negative Zeremonie einer Beisetzung ohne Redner. Ausgiebig wurde die Rhetorik am nächsten Tag nachgeliefert: bei dem »Staatsakt« im Theatersaal des Berliner Ensembles am Schiffbauerdamm. Sonderbare Mischung des Personals bei dieser amtlichen Trauerfeier für einen unbequemen Autor. Sowohl im Publikum wie bei den Mitwirkenden trafen die Funktionäre mit ihren Neinsagern zusammen, nicht gerechnet die Freunde und Schüler Brechts, die aus dem Westen gekommen waren.

Bei einem Staatsakt solchen Zuschnitts hat der Vertreter des Staates, also der Deutschen Demokratischen Republik, ebenso das Wort zu nehmen wie der Vertreter der herrschenden Partei. Je wichtiger der Tote, um so höher der Rang der Staats- und Parteiredner. Der achtzigjährige Präsident Wilhelm Pieck war krank, sein Ministerpräsident Grotewohl desgleichen. So mußte ein stellvertretender Ministerpräsident den verstorbenen Staatsbürger würdigen. Er hieß Walter Ulbricht und sagte das Angemessene: trocken und unbeteiligt wie stets. Im Saal wußten viele Leute, was die beiden voneinander gehalten

hatten: Ulbricht und Brecht. Auch die treuen Parteimitglieder unter Brechts Schülern bebten vor Wut, wie ich vermute. Unbewegliche Gesichter. Der Parteisekretär für Kultur, damals war es Paul Wandel, der von Ulbricht wenig geliebte, hielt sich nicht lange auf bei dem Toten. Er schickte flammende Kampfesgrüße nach dem Westen, an die Arbeiter, die sich gegen die Wiedereinführung der Wehrpflicht in der Bundesrepublik wehrten. Auch Brecht hatte sich dazu noch kurz vor der letzten Krankheit geäußert: in einem Offenen Brief an den Deutschen Bundestag.
Johannes R. Becher sprach als Minister für Kultur. Da kam zum erstenmal der Schriftsteller Brecht in einer Rede vor. Und es wurde offenbar, daß Becher die Einzigartigkeit seines Freundes und Genossen nicht wahrgenommen hatte, oder wahrnehmen wollte. Auch Georg Lukács trat als Lobredner auf. Er verlebte damals seine Ferien im Harz, nun war er nach Berlin gekommen: voll des guten Willens, den toten Brecht zu preisen, und voll der falschen Voraussetzungen dafür. Seine These war: mit diesem Mann sei der legitime Nachfolger eines Aristoteles und Lessing dahingegangen. Nun hatte aber Brecht sein Leben damit zugebracht, eine »nichtaristotelische Dramaturgie« zu entwickeln. Er hatte den Aristoteles gehaßt, das merkt man an den Bosheiten Galileis gegen den Naturwissenschaftler.
Die meisten haben damals nicht gemerkt, wie falsch hier gelobt wurde. An jenem Morgen im Theater saß ich neben Peter Suhrkamp. Wir hatten während der

Feier nicht gesprochen, sondern dagesessen mit Pokergesichtern. Nun aber wandte sich Suhrkamp wütend zu mir und flüsterte, indem er Lukács meinte: »Er ist eben doch nur ein Literat!«
Es war eine absurde Feier. Brecht hätte sie vermutlich genossen. Drei Augenblicke blieben haften, weil es da ehrlich zuging. Als Ernst Busch dem toten Freund die gemeinsamen Lieder nachsang. Das Klavier stand in der Kulisse, der Klavierspieler Hanns Eisler war nicht zu sehen. Dann als Erwin Strittmatter für die Schüler sprach und dem toten Lehrer nachrief: »Es ist immer noch Zeit, von ihm zu lernen!« Und als der Staatsakt zu Ende kam und die Offiziellen gegangen waren. Da blieben die Mitglieder des Ensembles, alle Arbeitenden dieses Hauses, geschart um die Prinzipalin Helene Weigel. Nun gab es Arbeit, denn das Gastspiel in London stand bevor. Dies war eine wirkliche Gedenkfeier.
Zwei Tage später, am 20. August, ging ich noch einmal zu Brecht: in die Wohnung, wo er mir, vom Fenster aus, den künftigen Grabplatz gezeigt hatte. Helene Weigel hatte mich gebeten, mitzuberaten bei den heiklen Fragen des literarischen Nachlasses. Es war sommerlich warm, wir saßen auf dem Balkon. Die Weigel und der Sohn Stefan, an die beiden Töchter erinnere ich mich nicht bei dieser Gelegenheit. Slupianek vom Brecht-Archiv, Rudolf Engel als Direktor der Akademie der Künste in Ostberlin. Dazu die beiden Verleger Peter Suhrkamp und Walter Janka.
Sorgen bereitete die bevorstehende Herausgabe des

Theaterstückes *Die Mutter* nach Gorkis Roman. Brechts umfangreiche Exkurse und Denkanweisungen zu diesem Stück waren erzkommunistisch. Veröffentlichte man sie in der Originalform in Frankfurt, so konnte ein Staatsanwalt das Delikt einer Werbung für die verbotene KPD entdecken. Man hatte sich rasch darüber geeinigt, daß es keine Textunterschiede geben dürfe zwischen den Brecht-Ausgaben in Ost und West. Wie also? Da sagte Peter Suhrkamp als einer, der wußte, wovon er sprach: »Als ich damals aus dem Konzentrationslager entlassen war, nahm ich mir vor, nichts mehr zu tun, was mich wieder in eine solche Lage bringen würde. Hier aber, bei Brecht, würde ich die Folgen auf mich nehmen!«
Wir gingen dann. Ich bin nie wieder zurückgekehrt in die Wohnung des toten Brecht. Suhrkamp lud mich ein, mit ihm zu gehen. Er wollte nebenan noch einmal das Grab besuchen. Da stand er nun, der todkranke Mann, und schaute hinab.

In seinem Gedicht *An die Nachgeborenen* hat Brecht versucht, sein Leben und Werk gleichsam geschichtlich zu situieren. Da heißt es:

Ich vermochte nur wenig. Aber die Herrschenden
Saßen ohne mich sicherer, das hoffte ich.

Das ist wahr geblieben.

Hans Mayer
im Suhrkamp Verlag und
im Insel Verlag

Abend der Vernunft. Reden und Vorträge 1985-1990. Leinen
Ansichten von Deutschland. Bürgerliches Heldenleben. BS 984
Augenblicke. Ein Lesebuch. Herausgegeben von Wolfgang Hofer und Hans Dieter Zimmermann. Leinen
Außenseiter. Leinen und st 736
Brecht. Leinen
Ein Denkmal für Johannes Brahms. Versuche über Musik und Literatur. BS 812
Ein Deutscher auf Widerruf. Erinnerungen. Band I. Leinen und st 1500
Ein Deutscher auf Widerruf. Erinnerungen. Band II. Leinen und st 1501
Erinnerung an Brecht. Engl. Broschur
Frisch und Dürrenmatt. BS 1098
Gelebte Literatur. Frankfurter Vorlesungen. es 1427
Georg Büchner und seine Zeit. st 58
Das Geschehen und das Schweigen. Aspekte der Literatur. es 342
Reden I. Nach Jahr und Tag. 1945-1977. Leinen
Reden II. Aufklärung heute. 1978-1984. Leinen
Reden I und II in Kassette. Leinen
Reden über Deutschland. BS 1216
Reden über Ernst Bloch. Engl. Broschur
Reisen nach Jerusalem. Erfahrungen 1968 bis 1995. Leinen
Stadtansichten. Berlin, Köln, Leipzig, München, Zürich. Leinen
Thomas Mann. Leinen und st 1047
Der Turm von Babel. Erinnerung an eine Deutsche Demokratische Republik. Leinen und st 2174
Die unerwünschte Literatur. Deutsche Schriftsteller und Bücher 1968-1985. st 1958
Das unglückliche Bewußtsein. Zur deutschen Literaturgeschichte von Lessing bis Heine. Leinen und st 1634
Versuche über die Oper. es 1050
Versuche über Schiller. BS 945
Weltliteratur. Studien und Versuche. Leinen und st 2300
Wendezeiten. Über Deutsche und Deutschland. Leinen und st 2421
Der Widerruf. Über Deutsche und Juden. Leinen und st 2585
Das Wiedersehen mit China. Erfahrungen 1954-1994. Leinen
Der Zeitgenosse Walter Benjamin. Engl. Broschur

Hans Mayer
im Suhrkamp Verlag und
im Insel Verlag

Vor- und Nachworte, Editionen

Volker Braun: Der Stoff zum Leben. Gedichte. Mit einem Nachwort von Hans Mayer. BS 1039

– Brecht für Anfänger und Fortgeschrittene. Ein Lesebuch. Ausgewählt von Siegfried Unseld. Mit einem Vorwort von Hans Mayer. es 1826

Bernard von Brentano: August Wilhelm Schlegel. Geschichte eines romantischen Geistes. Mit einem Nachwort von Hans Mayer. Leinen

Max Frisch: Gesammelte Werke in zeitlicher Folge. Sieben Bände. Herausgegeben von Hans Mayer unter Mitwirkung von Walter Schmitz. Leinen

Max Frisch: Gesammelte Werke in zeitlicher Folge. Jubiläumsausgabe in sieben Bänden in den suhrkamp taschenbüchern. 1931-1985. Herausgegeben von Hans Mayer unter Mitwirkung von Walter Schmitz. st 1401-1407

Goethe im zwanzigsten Jahrhundert. Spiegelungen und Deutungen. Herausgegeben von Hans Mayer. Leinen

Heinrich Heine: Insel Taschen-Heine. 4 Bände in Kassette. Herausgegeben von Christoph Siegrist, Wolfgang Preisendanz, Eberhard Galley und Helmut Schanze. Mit einer Einleitung von Hans Mayer. it 1628

Hermann Hesse. Sein Leben in Bildern und Texten. Mit einem Vorwort von Hans Mayer. Herausgegeben von Volker Michels. Leinen und it 1111

Heinrich von Kleist: Prinz Friedrich von Homburg. Ein Schauspiel. Mit Lithographien von Karl Walser und einem Nachwort von Hans Mayer. IB 1029

Zu Hans Mayer

Hans Mayer zu ehren. Vorwort von Karin Kiwus und Hans Dieter Zimmermann. Gebunden

Über Hans Mayer. Herausgegeben von Inge Jens. es 887

Bertolt Brecht
im Suhrkamp Taschenbuchverlag

Einzelausgaben

Stücke

Der aufhaltsame Aufstieg des Arturo Ui. es 144
Aufstieg und Fall der Stadt Mahagonny. Oper. es 21
Baal. Drei Fassungen. Kritisch ediert und kommentiert von Dieter Schmidt. es 170
Baal. Der böse Baal der asoziale. Texte, Varianten, Materialien. Kritisch ediert und kommentiert von Dieter Schmidt. es 248
Das Badener Lehrstück vom Einverständnis. Die Rundköpfe und die Spitzköpfe. Die Ausnahme und die Regel. Drei Lehrstücke. es 817
Gerhart Hauptmann: Biberpelz und roter Hahn. In der Bearbeitung Bertolt Brechts und des Berliner Ensembles. Herausgegeben und kommentiert von Klaus-Detlef Müller. es 634
Die Dreigroschenoper. Nach John Gays ›The Beggar's Opera‹. es 229
Frühe Stücke. Baal. Trommeln in der Nacht. Im Dickicht der Städte. st 201
Furcht und Elend des Dritten Reiches. es 392
Die Gewehre der Frau Carrar. es 219
Der gute Mensch von Sezuan. Parabelstück. es 73
Die heilige Johanna der Schlachthöfe. es 113
Herr Puntila und sein Knecht Matti. Volksstück. es 105
Der Jasager und Der Neinsager. Vorlagen, Fassungen, Materialien. Herausgegeben und mit einem Nachwort versehen von Peter Szondi. es 171
Der kaukasische Kreidekreis. es 31
Leben des Galilei. Schauspiel. es 1
Leben Eduards des Zweiten von England. Vorlage, Texte und Materialien. Ediert von Reinhold Grimm. es 245
Mann ist Mann. Die Verwandlung des Packers Galy Gay in den Militärbaracken von Kilkoa im Jahre neunzehnhundertfünfundzwanzig. Lustspiel. es 259
Die Maßnahme. Kritische Ausgabe mit einer Spielanleitung von Reiner Steinweg. es 415
Die Mutter. es 200
Mutter Courage und ihre Kinder. Eine Chronik aus dem Dreißigjährigen Krieg. es 49
Der Ozeanflug. Die Horatier und die Kuriatier. Die Maßnahme. es 222
Schweyk im zweiten Weltkrieg. es 132
Stücke. Bearbeitungen. Bd. 1. es 788

Bertolt Brecht
im Suhrkamp Taschenbuchverlag

Stücke. Bearbeitungen. Bd. 2. es 789
Die Tage der Commune. es 169
Trommeln in der Nacht. Komödie. es 490
Der Untergang des Egoisten Johann Fatzer. Bühnenfassung von Heiner Müller. es 1830 und es 3332
Das Verhör des Lukullus. Hörspiel. es 740

Gedichte

Ausgewählte Gedichte. Auswahl von Siegfried Unseld. Nachwort von Walter Jens. es 86
Buckower Elegien. Mit Kommentaren von Jan Knopf. es 1397
Gedichte. Ausgewählt von Autoren. Mit einem Geleitwort von Ernst Bloch. st 251
Gedichte über die Liebe. Ausgewählt von Werner Hecht. st 1001
Bertolt Brechts Hauspostille. Mit Anleitungen, Gesangsnoten und einem Anhange. st 2152
100 Gedichte. Ausgewählt von Siegfried Unseld. st 2800
Das große Brecht-Liederbuch. Herausgegeben und kommentiert von Fritz Hennenberg. st 1216

Prosa

Dreigroschenroman. es 184 (Prosa 3), st 1846 und st 2804
Flüchtlingsgespräche. st 1793
Die Geschäfte des Herrn Julius Caesar. Romanfragment. es 332
Geschichten vom Herrn Keuner. st 16
Die unwürdige Greisin und andere Geschichten. Zusammengestellt und mit Anmerkungen versehen von Wolfgang Jeske. st 1746
Die unwürdige Greisin und andere Geschichten. Herausgegeben von Wolfgang Jeske. Großdruck. it 2371

Schriften

Über die bildenden Künste. Herausgegeben von Jost Hermand. es 691
Über experimentelles Theater. Herausgegeben von Werner Hecht. es 377

Brecht-Lesebücher

Brecht für Anfänger und Fortgeschrittene. Ein Lesebuch. Ausgewählt von Siegfried Unseld. Mit einem Vorwort von Hans Mayer. es 1826
Ich bin aus den schwarzen Wäldern. Seine Anfänge in Augsburg und München. 1913-1924. es 1832

Bertolt Brecht
im Suhrkamp Taschenbuchverlag

Der Schnaps ist in die Toiletten geflossen. Seine Erfolge in Berlin. 1924 bis 1933. es 1833

Unterm dänischen Strohdach. Sein Exil in Skandinavien. 1933-1941. es 1834

Broadway – the hard way. Sein Exil in den USA. 1941-1947. es 1835

Theaterarbeit in der DDR. 1948-1956. es 1836

Der Kinnhaken. Und andere Box- und Sportgeschichten. Herausgegeben und mit einem Nachwort von Günter Berg. st 2395

Reisen im Exil. 1933-1949. Zusammenstellung: Wolfgang Jeske. st 2555

Journale

Arbeitsjournal 1938-1955. 2 Bände. Herausgegeben von Werner Hecht. st 2215

Sekundärliteratur

Materialien

Brecht im Gespräch. Diskussionen, Dialoge, Interviews. Herausgegeben von Werner Hecht. es 771

Brecht in den USA. Herausgegeben von James K. Lyon. Übersetzung der Dokumente aus dem Englischen von Jane Walling und Fritz Wefelmeyer. st 2085

Brecht-Journal. Herausgegeben von Jan Knopf. es 1191

Brecht-Journal 2. Herausgegeben von Jan Knopf. es 1396

Brechts ›Antigone des Sophokles‹. Herausgegeben von Werner Hecht. stm. st 2075

Baal. Der böse Baal der asoziale. Texte, Varianten, Materialien. Kritisch ediert und kommentiert von Dieter Schmidt. es 248

Bertolt Brechts Dreigroschenbuch. Texte, Materialien, Dokumente. Herausgegeben von Siegfried Unseld. Mit einem Bildteil. st 87

Brechts ›Dreigroschenoper‹. Herausgegeben von Werner Hecht. stm. st 2056

Brechts ›Guter Mensch von Sezuan‹. Herausgegeben von Jan Knopf. stm. st 2021

Der Jasager und Der Neinsager. Vorlagen, Fassungen, Materialien. Herausgegeben und mit einem Nachwort versehen von Peter Szondi. es 171

Brechts ›Kaukasischer Kreidekreis‹. Herausgegeben von Werner Hecht. stm. st 2054

Brechts ›Leben des Galilei‹. Herausgegeben von Werner Hecht. stm. st 2001

Bertolt Brecht
im Suhrkamp Taschenbuchverlag

Leben Eduards des Zweiten von England. Vorlage, Texte und Materialien. Ediert von Reinhold Grimm. es 245

Brechts ›Mahagonny‹. Herausgegeben von Fritz Hennenberg und Jan Knopf. stm. st 2081

Die Maßnahme. Kritische Ausgabe mit einer Spielanleitung von Reiner Steinweg. es 415

Materialien zu Brechts ›Mutter Courage und ihre Kinder‹. Zusammengestellt von Werner Hecht. es 50

Brechts ›Mutter Courage und ihre Kinder‹. Herausgegeben von Klaus-Detlef Müller. stm. st 2016

Materialien zu Bertolt Brechts ›Schweyk im zweiten Weltkrieg‹. Vorlagen (Bearbeitungen), Varianten, Fragmente, Skizzen, Brief- und Tagebuchnotizen. Ediert und kommentiert von Herbert Knust. es 604

Zu Bertolt Brecht

Roland Barthes: Warum Brecht? Herausgegeben von Ottmar Ette. es 2055

Mit Brecht durch Berlin. Ein literarischer Reiseführer. Herausgegeben von Michael Bienert. it 2169

D. Stephan Bock: Coining Poetry. Brechts ›Guter Mensch von Sezuan‹. Zur dramatischen Dichtung eines neuen Jahrhunderts. es 2057

Bertolt Brecht. Sein Leben in Bildern und Texten. Mit einem Vorwort von Max Frisch. Herausgegeben von Werner Hecht. it 1122

Brechts Theorie des Theaters. Herausgegeben von Werner Hecht. stm. st 2074

Walter Benjamin: Versuche über Brecht. Herausgegeben und mit einem Nachwort versehen von Rolf Tiedemann. es 172

Hans Mayer: Erinnerung an Brecht. st 2803

Hans Peter Neureuter: Brecht in Finnland. es 2056